CEU - CEFAS
*Centro de Estudios, Formación
y Análisis Social*

Mario Góngora:
un *humanismo místico* contra
la tecno-gobernanza neoliberal

INFORME 08 | CEU-CEFAS

Marzo de 2025

Autor

Yesurún Moreno Gallardo
Investigador de CEU-CEFAS

CEU-CEFAS tiene por objetivo la promoción de los principios inspiradores fundamentales de la Doctrina Social de la Iglesia en los ámbitos cultural y político, mediante la realización de cursos, congresos y publicaciones. CEU-CEFAS aspira a constituirse en un lugar de referencia y encuentro para debatir, reflexionar, formar, difundir e investigar en el ámbito de las ideas para mejorar la sociedad.

www.cefas.ceu.es

CEU-CEFAS
Calle Tutor, 35
28008 Madrid | España
Teléfono: (+34) 91 514 05 77
cefas@ceu.es

Depósito legal: M-6771-2025
ISBN: 978-84-19976-72-7
Maquetación: CEU Ediciones
Impresión: CEU Ediciones
Impreso en España

Publica: CEU Ediciones
Calle Julián Romea, 18
28003 Madrid | España
Teléfono: (+34) 91 514 05 73
ceuediciones@ceu.es

La Fundación Universitaria San Pablo CEU es una entidad inscrita en el Registro de Fundaciones con el nº 60 /
CIF (G-28423275).

Índice

De los cuatro costados de la tierra sube hasta nosotros una fuerza viviente, un grito que contiene todo el sentido de la miseria y del dolor del hombre [...]. Cuando parece definitivamente domesticado y mecanizado, la vida íntima de la persona encuentra, sin embargo, en su profundidad, un medio de evadirse de la tiranía colectiva, de reaccionar contra ella, de ser solo, de ser libre y de lanzar, contra el orden exterior, toda la eterna vitalidad del hombre. La vida, la bondad, la belleza, todo lo que es divino y humano en el hombre, están hoy día en lucha contra el poderío de la burguesía capitalista, y ni el dinero, ni la propaganda, ni la violencia, triunfarán contra los deseos y valores más profundos de la humanidad [...]. Una revolución que está sólo en los cerebros es algo muerto.

Mario Góngora, *Bases espirituales del orden nuevo* (1937).

La civilización de masas en que nos vemos hoy involucrados significa [...] que la existencia se percibe como un aparato anónimo de 'abastecimiento', en sentido amplio, de las masas, en producción racional mediante invenciones técnicas. De allí el predominio de los técnicos [...]. Tal es el 'régimen existencial' de hoy [...] el hombre no puede convertirse en mera función de esa totalidad, no puede ingresar del todo en ese régimen [...]. Al conocerse el hombre como ser-sí-mismo (*das Selbstein*), puede llegar a la libertad y a la trascendencia, abrir nuevos caminos. Hay pues una posibilidad de escapar interiormente a la prepotencia reconocida del 'aparato' del régimen de masas.

Mario Góngora, *Ensayo histórico sobre la noción de Estado en Chile en los siglos XIX y XX* (1981).

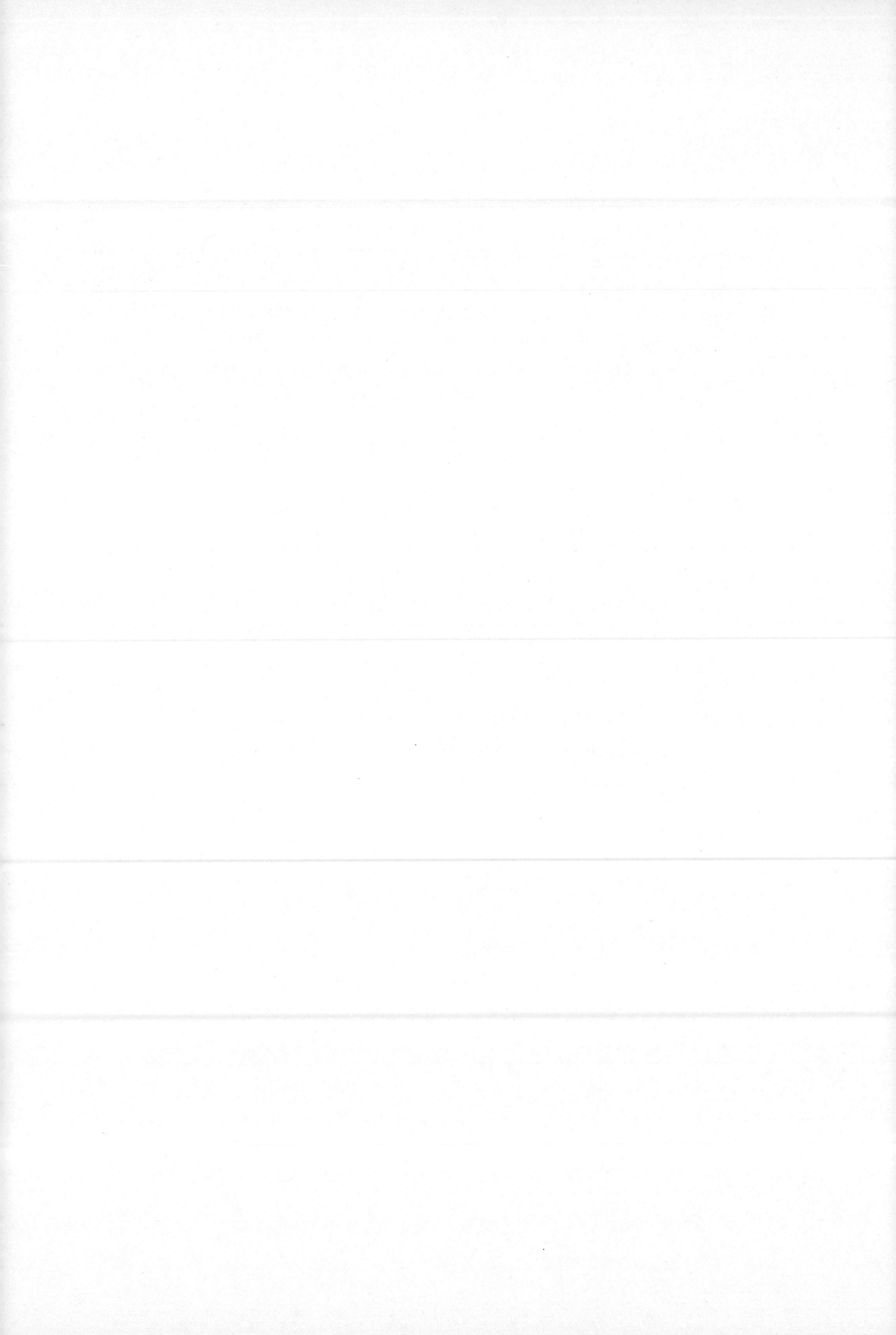

I. Introducción

Las masas, más que soluciones concretas, quieren una esperanza, más que de argumentos
muy razonables, están ansiosas de una fe que las levante y las purifique en su fuego.

Eduardo Frei, *La política y el espíritu* (1940).

El presente trabajo es un primer resultado de investigación, fruto de mi estancia en Santiago de Chile, gracias a la beca del Centro de Estudios, Formación y Análisis Social (CEU-CEFAS). Entre los meses de mayo y julio de 2024 estuve en el departamento de contenidos del Instituto Res Publica (IRP), dirigido por José Francisco Lagos, manteniendo reuniones con profesores e intelectuales chilenos, asistiendo a charlas, participando en debates y entrevistas e impartiendo y recibiendo formación teórica. ¿Cuál era el propósito? Tratar de aproximarme a las familias de la derecha conservadora, nacionalista y socialcristiana del país austral. Y, en particular, conocer a uno de sus pensadores más destacados: Mario Góngora del Campo (1915-1985).

Huelga decir que, en un principio, la beca estaba destinada a una estancia en la prestigiosa The Heritage Foundation, pero lo cierto es que en Chile me sentí como en casa[1] y aproveché al máximo la oportunidad.

Como decía, el objeto era conocer, *grosso modo*, las familias de pensamiento del nacionalismo chileno y, sobre todo, la obra de Mario Góngora, un personaje singular... En especial, me interesé por su crítica a la derecha tecnocrática; crítica diseminada, ciertamente, en un conjunto de ensayos, artículos, entrevistas y demás, pero sintetizada en los compases finales de su obra magna: el *Ensayo histórico sobre la noción de Estado en Chile en los siglos XIX y XX* (1981)[2].

---

[1] Tuve ocasión de escribir una crónica más personal sobre mi experiencia en Chile para *Revista Suroeste* titulada: *Nuestra tierra, nuestro hogar. Chile, la hermana más esbelta de la Hispanidad* (2024). Por si fuera de interés, se encuentra disponible en: https://revistasuroeste.cl/2024/07/31/nuestra-tierra-nuestro-hogar/

[2] Sin menoscabo de otras fuentes, se ha tratado de reconstruir la crítica gongoriana a la tecnocracia a partir del citado *Ensayo* (1981), así como de otros textos de intervención y coyuntura recopilados en *Civilización de masas y esperanza* (1987), libro, por cierto, dificilísimo de encontrar y que José Ignacio Vásquez, entonces ministro del Tribunal Constitucional de Chile tuvo la amabilidad de regalarme; de especial interés son sus artículos *Materialismo*

Este trabajo consta, pues, de una introducción, dos apartados y unas conclusiones. Trato, primero, de presentar al autor, a partir de un breve semblante tanto biográfico como ideológico (ya que es desconocido en el medio académico y cultural español); para después poder dar cuenta de las nociones y conceptos que articula Mario Góngora en su tarea de acometer una contundente crítica a la gobernanza tecnocrática neoliberal. De tal modo que, en el primer apartado, la perspectiva es de Historia de las ideas, mientras que en el segundo, el enfoque es más bien de Teoría política. En la primera parte, abordo la crítica de Góngora al concepto de «autoridad impersonal» desarrollado por el historiador chileno Alberto Edwards (1874-1932), y, abordo también la noción gongoriana del Estado como «configurador de la nación chilena». En la segunda parte, reconstruyo la noción de «planificaciones globales» y profundizo en aquellos elementos básicos que constituyen, en conjunto, la crítica del chileno a la gobernanza neoliberal (promovida por el llamado chicago-gremialismo).

Como sabemos, en Occidente, hoy todas las fuerzas de la partitocracia realmente existente, con independencia del país al que miremos, han participado en un u otro grado de la traición contra el pueblo, pero han sido las derechas europeas[3] las que han virado violentamente de su clásica defensa de la *tradición*, la *patria*, la *familia*,

---

neocapitalista, publicado en *Revista Dilemas*, Núm. 2, 1966 y *El poder de la Esperanza*, publicado en *XI Semana Social de Chile*, 1982; entre otros artículos académicos y ponencias como *La noción de "lo civil" en la historia chilena* dictada en las Jornadas de Historia de las mentalidades, 1981; *Libertad política y concepto económico de gobierno en Chile hacia 1915-1935*, paper publicado en *Revista de Historia* el año de su muerte, 1985; así como su discurso de juventud del 10 de octubre de 1937 pronunciado en la Convención Nacional de la Juventud Conservadora titulado: *Bases espirituales del orden nuevo*.

Entre la bibliografía secundaria me gustaría destacar, antes que nada, la notable ayuda –y me atrevería a decir tutela– de mi buen amigo Juan Carlos Vergara que hizo el esfuerzo de confeccionar un plan de lecturas gongorianas que he tratado de seguir al pie de la letra. Destacaría de Vergara el libro monográfico coordinado por él: *Mario Góngora: El diálogo continúa... Once reflexiones sobre su obra* (2017), su capítulo «Corporativismo, nacionalismo y tradicionalismo: una aproximación al pensamiento metapolítico de Mario Góngora» publicado en otro libro colectivo titulado *Mario Góngora revisitado* (2023), así como su artículo académico: *La noción de derecha en Chile. Contribución a una comprensión histórica*, publicado en *Revista de Historia de Chile y América*, Vol. 17, Núm. 1 (2018), documento que constituye, además, la base de otro trabajo que estoy preparando sobre la nueva derecha chilena para la prestigiosa revista *Razón Española*, fundada por Gonzalo Fernández de la Mora. Merecen ser destacadas también las obras del filósofo Hugo Herrera: *Pensadores peligrosos. La comprensión según Francisco Antonio Encina, Alberto Edwards y Mario Góngora* (2021) y *El último romántico. El pensamiento de Mario Góngora* (2023). Asimismo, me han sido de gran ayuda otras contribuciones de los profesores Erwin Robertson, Patricia Arancibia, Alfredo Jocelyn-Holt, Joaquín Fermandois, Rodrigo Karmy Bolton, Renato Carmona Flores, Gonzalo Larios, etc.

Por último, me gustaría agradecer a todas aquellas personas con las que pude conversar de modo más o menos informal acerca de Mario Góngora: su hija, María Eugenia, mis amigos: Emiliano García, Juan Carlos Vergara, Vicente Hargous, Arturo Salazar, José Ignacio Vásquez, José Díaz, Gabriel Domínguez, José Ignacio Palma, etc.

3 La derecha chilena se enraiza en el ideario de la Guerra Fría y es a lo sumo de carácter liberal-conservador. No bebe de las fuentes del romanticismo como sí lo hacen las derechas europeas. Juan Carlos Vergara, en su artículo académico titulado «La noción de derecha en Chile. Contribución a una comprensión histórica» (2018) explica tal diferencia *genética*, si se quiere, de las derechas en los siguientes términos: «La noción de derecha agrupa, bajo su propio desarrollo político-conceptual durante la Europa del siglo XIX, una amplia gama de planteamientos políticos que integra, además de la derecha liberal, una larga tradición de pensamiento antiliberal, y más precisamente *anti-ilustrado* [...]. Distintamente, se puede decir que la noción de derecha en Chile pertenece al siglo XX. Durante el siglo XIX, dominado políticamente por la élite [oligárquica y criolla], las ideas de ésta son básicamente liberales y no anti-ilustradas [...]. Por lo anterior, sería una distorsión y un error en el orden de la historia de las ideas políticas considerar los planteamientos del siglo XIX chileno como conservadores [...] lo que Hugo Herrera llama tradición no-liberal de la derecha, y Cristi y Ruiz "pensamiento conservador", es, ante todo, una reacción anti-oligárquica en Chile surgida en el contexto de la cuestión social, y que no tiene, paradójicamente, una génesis decimonónica contrarrevolucionaria –tradicionalista o romántica– como el pensamiento conservador europeo [...]. Estos grupos antioligárquicos, que en la historia política europea formaron parte de la tradición de derecha anti-liberal o radical, en nuestro medio surgieron en oposición abierta a la derecha, que sólo estableció algún contacto coyuntural con los mismos a partir de la lucha anti-marxista de comienzos de los 70', y luego, en la disputa por la hegemonía del proyecto de gobierno de la Junta Militar». Ver Juan Carlos Vergara, «La noción de derecha en Chile. Contribución a una comprensión histórica», en *Bicentenario. Revista de Historia de Chile y América* del Centro de Estudios Bicentenario, Vol. 17, Núm. 1 (2018), pp. 29-51.

el *arraigo* y la *justicia social* a la defensa de un modelo económico que se ha demostrado eficaz en promover una forma de globalización economicista, cosmopolita y desarraigadora muy lesiva para las gentes que antaño se dirigían a los partidos conservadores, precisamente, en aras de certezas existenciales y espacios de refugio ante las inclemencias de la Modernidad.

II. Ideario de Mario Góngora: un breve semblante

> La creatura que se fija en sí misma, que vive toda su vida en torno a sí y no en torno a Cristo, deja de ser creatura, quebranta el orden del universo, se deifica. Hay que salir de uno mismo y vivir con Dios: ésta es la locura de la cruz.
>
> **Mario Góngora**, *Diario* (21 de marzo de 1933).

¿Quién fue Mario Góngora?

La primera pregunta es obligada: ¿Quién fue Mario Góngora? Antes, sin embargo, responderé brevemente a otra pregunta de menor calado: ¿Por qué decidí estudiarle?[4] A poco que me conozcan, sabrán tanto de mis intereses y preocupaciones como de mis influencias y evolución. Al igual que Góngora, crecí en el seno de una familia católica. Milité como él, en mi juventud, en la izquierda comunista y evolucioné hacia posturas más tradicionales. Mi trabajo como investigador se ha centrado en las coordenadas de la Teoría del Estado, campo en el que despuntó nuestro autor; así como de la Historia de las mentalidades o, por simplificar, de las ideas políticas, al igual que él; por no mencionar nuestra compartida preocupación por el legado hispánico de la conquista de América (período al que dedicó gran parte de su labor historiográfica y al que he dedicado también yo mis humildes esfuerzos, si bien en calidad de teórico político). La Filosofía de la Historia, el milenarismo, el utopismo y, en cierto modo, la Teología Política fueron, asimismo, objeto de su interés (como del mío). Su

---

4   No es baladí recordar que ha habido un *revival* en los últimos años de la figura de Mario Góngora. ¿A qué se debe? Creo que el profesor Pablo Paniagua Prieto, autor del capítulo «Mario Góngora y los Chicago Boys: el neoliberalismo y los límites de la tecnocracia», perteneciente a la obra colectiva, *Mario Góngora revisitado* (2023), publicada el pasado año, acierta al apuntar que este intento de rescate de sus ideas «ha sucedido en el contexto de una revisión crítica del proceso de modernización capitalista que el país ha experimentado [...]. En particular, este rescate ha venido de la mano de una fuerte crítica, en intelectuales tanto de derecha como de izquierda, al llamado "modelo neoliberal"». Ver Pablo Paniagua Prieto, «Mario Góngora y los Chicago Boys: el neoliberalismo y los límites de la tecnocracia», en Valentina Verbal, *Mario Góngora revisitado* (Democracia y Libertad, 2023), p. 227. Algunos de los protagonistas de esta interesante crítica al modelo neoliberal –a izquierda y derecha– son Hugo Herrera, Renato Cristi y Lucy Oporto.

ambigüedad en materia política le llevó a apoyar tanto el gobierno de la Unidad Popular como, en un primer momento, el levantamiento militar. Tal y como escribía en su *Diario* un joven Góngora (noviembre de 1935):

> Quisiera luchar, y quisiera ver en Chile, como por todas partes, el triunfo de la verdadera contrarrevolución conservadora, antiliberal en su espíritu y en sus formas [...]. Ya los grandes jefes de la política no son los primeros ministros de un régimen parlamentario, sino hombres de genio, grandes conductores de pueblos.

También me veo reflejado en esta actitud de incomodidad e inconformidad –que muestra el chileno– con respecto a la coyuntura política de su época histórica. Además, algunos de los autores que influyeron en su pensamiento, influyeron también en el mío (Braudel, Schmitt, etc.)[5]. No obstante, mientras él tomó distancias con el marxismo, repentinamente, a partir de la lectura de Nietzsche, yo la tomé, paulatinamente, a partir de la lectura de diversos autores cristianos como Berdiaev, Chesterton, Weil, Del Noce, Schmitt y Donoso Cortés[6]. Por último, podemos decir que «en el caso de Góngora, es sabido que el *antiliberalismo* fue una convicción que animó toda su producción intelectual. Y este antiliberalismo no fue otra cosa que un rechazo expreso del mundo moderno»[7], algo que es aplicable a mi persona. Como reconocería nuestro autor en una carta a Isidro Suárez del 13 de diciembre de 1980:

> Nunca he sido demócrata, y mis *maître à penser* son todos antidemocráticos. Pertenezco, salvadas todas las proporciones, a toda una generación europea que, desde 1900 a 1940 fue todo (comunista, fascista, tradicionalista, falangista, rexista, etc.), antes que partidarios de la realidad y de la palabra democracia. Y ahora, a los 65 años, pienso eso con todas mis fuerzas… Yo soy uno de los vencidos (intelectualmente) de la II Guerra[8].

---

5 Conocí la existencia de Mario Góngora escasos meses antes de partir hacia Santiago. De un modo totalmente fortuito, mi amigo Pedro Lecanda me comentó que había descubierto un autor chileno muy interesante a raíz de una conferencia del filósofo schmittiano Hugo Herrera. Desde entonces comencé a curiosear. Ocho meses después, llegaría a Santiago de Chile, para profundizar en él. A modo de anécdota, me sucedió algo cuanto menos llamativo. Estaba de camino a la región de El Maule (Chile Central) y me llama mi padre. Unos días antes, había comprado –vía *online* y a un módico precio– una de las obras más importantes de Góngora en una librería de Sevilla. La obra en cuestión, *Los grupos de conquistadores en tierra firme (1509-1530): fisonomía histórico-social de un tipo de conquista* (1962), es muy difícil de encontrar puesto que está descatalogada. Mi padre insiste en que el libro, que ha llegado desde Sevilla, está dedicado por el autor. Lo dudo. Sospecho que no se trata de la auténtica firma de Góngora, pero en cuanto me envía la foto –a modo de prueba– veo que el trazo coincide claramente con el del historiador chileno. Intento descifrar a quién iba dirigida la dedicatoria. Se trata de Guillermo Céspedes del Castillo, destacado hispanista. Todo encaja, Góngora estuvo en diversas ocasiones en estancias de investigación en España (Madrid, Sevilla). Lo confirmo con Maria Eugenia, su hija. ¿Qué probabilidad había de que sucediera…? Providencial.

6 A propósito de esta conversión espiritual e ideológica me entrevistaron en el programa «Llegó la hora» (Radio Agricultura, Chile) dirigido por Mara Sedini y José Francisco Lagos. Cap. «Del marxismo al conservadurismo». Disponible en: https://www.youtube.com/watch?v=aZJk04DH2fI

7 Juan Carlos Vergara, «Corporativismo, nacionalismo y tradicionalismo: una aproximación al pensamiento metapolítico de Mario Góngora», en Valentina Verbal, *Mario Góngora revisitado* (Democracia y Libertad, 2023), p. 171.

8 Sobre esta revolución derrotada de las ideas conservadoras a partir de la II Guerra Mundial escribía Mario Góngora: «esa corriente de ideas llegó a un brusco final con la intervención norteamericana en la Segunda Guerra Mundial, a la que se plegaron los estados hispanoamericanos en la forma que se sabe. El nuevo alineamiento de fuerzas aniquiló toda posibilidad de triunfo de ideas tradicionalistas o nacionalistas», Mario Góngora, *Civilización de masas y esperanza. Y otros ensayos* (Editorial Vivaria, 1987), p. 191.

Ello cobra mayor sentido cuando se atiende a las falsas *antinomias* que hay en torno a la noción de «democracia» y que Góngora trató de develar con denuedo. A juicio de nuestro autor:

> Una dictadura también puede ser democrática, en la medida en que cuenta con la adhesión –tácita o plebiscitaria– a un jefe carismático. Pero la dictadura, aunque pueda considerarse democrática por tener apoyo popular, suprime la libertad. Cuando en Occidente se dice *democracia* se quiere decir una democracia con libertad [...]. Un dictador puede ser democrático y una democracia puede ser tiránica. Eso es filosofía política[9].

En este estricto sentido, pertenezco, yo también, salvadas todas las proporciones, al *pensamiento derrotado* tras la II Guerra Mundial.

Nacido un 22 de junio en el Santiago de Chile de 1915, Mario Góngora del Campo fue un prestigioso historiador e historiador de las ideas y de la cultura galardonado con el Premio Nacional de Historia en 1976. Destacó, principalmente, por sus exhaustivos estudios en el período colonial hispánico, así como por su obra *Ensayo histórico sobre la noción de Estado en Chile en los siglos XIX y XX* (1981). Fue profesor en la Universidad de Chile por más de 30 años donde dirigió tres institutos de investigación: el Instituto de Investigaciones Histórico-Culturales (desde 1953 a 1954); el Centro de Historia Colonial (de 1960 a 1968); y el Departamento de Estudios Humanísticos (desde 1975 a 1976). Fue también decano de la Facultad de Filosofía y Humanidades de la misma. Y, posteriormente, en 1977 ingresó con cátedra en el Instituto de Historia de la Universidad Católica de Chile. Asimismo, fue profesor visitante en universidades extranjeras como Colonia, Oxford y Yale.

Viajó, por motivos académicos, en diversas ocasiones a Europa: París, Madrid, Sevilla, Viena, etc. En sus viajes a París, asistió a los seminarios impartidos por Fernand Braudel (máximo exponente de la segunda generación de la Escuela de los Annales) en la École *Pratique des Hautes* Études. Del historiador francés, extrajo el concepto de «estructura», que le permitió refinar el nivel de sus trabajos históricos a la hora de abstraer y generalizar. Tanto es así que en 1966, uno de sus estudios –sobre el vagabundaje rural– fue publicado en la revista *Annales économies, sociétés, civilisations*. Mantuvo un asiduo contacto personal y correspondencia con el mismo Braudel.

Muy influido por las corrientes historiográficas y filosóficas europeas, se interesó por los estratos de la historia de *longue durée* (larga duración) –pese a haber vivido en pleno «corto siglo XX» (ya que nació en 1915 y murió trágicamente en un accidente en 1985)–. Estratos culturales que han permanecido incólumes en Hispanoamérica tales como el *lenguaje*; el *catolicismo*; la *práctica social regulada por valores éticos y jurídicos*; la institución de la *hacienda*; la *ausencia de un auténtico capitalismo* y el *folclore* y las *artes*... Podríamos decir con Juan Carlos Vergara que

---

9   Mario Góngora, «Las lecciones de la Historia» [Entrevista de Raquel Correa a Mario Góngora], en *El Mercurio*, (9 diciembre 1984), p. D3.

su obra ensayística, y lo que de ella se desliza alusivamente en la historiográfica, corresponde a aquel esfuerzo por comprender de qué trata el fondo universal de los acontecimientos [...]. Su esfuerzo es el de comprender su época sin dejarse arrastrar cándidamente por el espíritu del siglo; su ánimo, el de relacionarse con las tendencias epocales desde la sospecha[10].

En sus textos se percibe la densa malla de conceptos, ideas y terminología propia de autores como el ya citado Braudel, Spengler, Brunner, Dupront, Ranke, Burckhardt, Huizinga, Dilthey, Herder, Gide, Vico o Nietzsche. Asimismo, los escritores reaccionarios y conservadores del primer tercio del siglo xx dejaron honda huella en él: Léon Bloy, Georges Bernanos, Thomas Mann, el primer Maritain, Miguel de Unamuno, entre otros. Su modo de trabajar era sistemático y su sed de conocimiento lo empujó a devorar libros infatigablemente. Como reveló en 2013 el *Diario Chañarcillo* de Copiapó, Mario Góngora leyó 621 libros en 3 años[11]. Su discípulo Gabriel Salazar se asombraba de ver cómo Góngora «leía 2 o 3 libros al día». La profesora Patricia Arancibia, hacia el final de su ensayo *Mario Góngora. En busca de sí mismo 1915-1946* (1995), incluye un apéndice donde recoge minuciosamente las notas de los libros y autores que andaba leyendo el santiaguino[12] por aquella época.

Mario Góngora perteneció, en definitiva, a una generación de jóvenes que -a juicio de Diego González Cañete- estaba «entre una voluntad transformadora de la vida política y el estímulo por removerla espiritualmente»[13], esto es, entre la *revolución política* y la *revolución espiritual*.

Me gustaría extractar aquí -*in extenso*- las palabras que dedica Diego González Cañete, en su libro *Una revolución del espíritu* (2018)[14], a lo que podríamos denominar la «Generación del Estado orgánico-corporativo»[15] (Eduardo Frei, Manuel Carretón y el propio Góngora, en Chile; Nicolai Berdiaev, en Rusia; o Georges Bernanos, Paul Claudel, Léon Bloy, Charles Péguy, Emmanuel Mounier o Jacques Maritain, en Francia), una generación de *non-conformistes* –a la que nuestro autor pertenecía– y que dio sus primeros frutos intelectuales y políticos en la década de 1930:

---

10 Juan Carlos Vergara, «Corporativismo, nacionalismo y tradicionalismo: una aproximación al pensamiento metapolítico de Mario Góngora», en Valentina Verbal, *Mario Góngora revisitado* (Democracia y Libertad, 2023), p. 170.

11 Diario Chañarcillo (Diario : Copiapó) jul. 8, 2013, p. 28. Disponible en: https://www.bibliotecanacionaldigital.gob.cl/bnd/628/w3-article-571374.html

12 Patricia Arancibia, *Mario Góngora. En busca de sí mismo 1915-1946* (Fundación Mario Góngora, 1995) pp.269-312. Disponible en: https://www.memoriachilena.gob.cl/602/w3-article-10112.html

13 Diego González Cañete, *Una revolución del espíritu. Política y Esperanza en Frei, Eyzaguirre y Góngora en los años de Entreguerras* (Ediciones Centro de Estudios Bicentenario, 2018), p. 240.

14 Espoleado por el maravilloso libro de González Cañete, tuve la oportunidad de escribir un artículo algo polémico –dicho sea de paso– en el que sondeaba nuevos modos de «categorizar» a las familias de la derecha conservadora. Pueden consultarlo en el siguiente enlace: https://ideas.gaceta.es/en-guerra-con-la-existencia/.

15 Aunque un Góngora maduro confesará, años más tarde, en su entrevista con Raquel Correa para *El Mercurio* titulada «Las lecciones de la Historia» (Santiago, 9 de diciembre de 1984), que «ya no» estaba cerca de la sensibilidad corporativista.

Se produjo un lento oscilar, de síntesis o disolución, que señalaría finalmente la integración de las dos actitudes del pensamiento católico frente a la época moderna. Una fracción de la juventud, lozana en su lucha sin cuartel contra un presente ominoso, jugó sus cartas en la arena política [como el joven Góngora hizo en el seno de la Juventud Conservadora], con el fin de participar en la instauración de un orden nuevo [del que el historiador chileno, con tan sólo 22 años, pudo fijar sus "bases espirituales"]; la tarea parecía monumental, improbable incluso, pero las circunstancias atizaron su incorporación en el seno del Estado y la política partidista. Aquí sí hubo *esperanza* por la efectividad de medios que, a primera vista, parecían dudosos, pero que no opacaron la necesidad de esta "política de la fe". No cabe duda, por otro lado, de que esta juventud comprometida en política también estimó su tarea como un esfuerzo espiritual, considerando ambas revoluciones consustanciales la una a la otra [...]. Al mismo tiempo observamos un movimiento adyacente a esta actitud creyente en los medios de la política, evidente en la reticencia de un sector no menor de esta juventud a formar parte de partidos o movimientos políticos. ¿Fue un *pathos* del dolor o la desesperanza el que conmovió a estos jóvenes en su indiferencia a la atracción del poder político? ¿Será que no confiaban en la oportunidad de regenerar cristianamente la vida social, como sí lo parecía creer el propio Papa Pío XI? El transcurso de la década nos sugiere que sí, que creyeron en la transformación de la sociedad, aunque con un matiz. Existía un tipo de régimen que colmaba las aspiraciones de jóvenes y algunos curas; sabemos de cuál se trata, aquel propio de un *Estado orgánico*. Por su efectiva realización corrió tinta, se sudó en la confrontación, pero no siempre los hechos acompañaron esta expectativa. En ocasiones parecía más real el camino de la sospecha o de un legítimo, aunque pocas veces confesado, escepticismo en la acción política. "¿Y para qué sería la revolución política?", se habrá preguntado más de alguno. "Para fundar la revolución verdadera, la del espíritu", respondería otro [...]. ¿Era a través de los partidos políticos y de las campañas electorales que Chile y Occidente se reencontrarían con su fuente nutricia? [...]. En la historia, pero más allá de la historia; terrenal y al mismo tiempo espiritual; esperanza en un mundo por venir, pero cuya realización comenzaría *hic et nunc*, aquí y ahora[16].

Se trataba de un profesor difícilmente clasificable «con pocas aptitudes para el contacto personal»[17], *rara avis* ¿católico? ¿comunista? votante desencantado de Salvador Allende; díscolo del Gobierno Militar... En su juventud ingresó en la ANEC (Asociación Nacional de Estudiantes Católicos), militó en la Juventud Conservadora (1935-1937), pero también en las Juventudes Comunistas (1938-1941), tras su viaje a Europa. Fue

---

16 Diego González Cañete, *Una revolución del espíritu. Política y Esperanza en Frei, Eyzaguirre y Góngora en los años de Entreguerras* (Ediciones Centro de Estudios Bicentenario, 2018), pp. 240-242. De hecho, como indica González Cañete el propio Góngora escribió un artículo para la *Revista Lircay* (el 1 de agosto de 1936) titulado «Revolución Política y Revolución Espiritual» en donde llega a afirmar: «El actual orden político –entendido aquí 'político' en su sentido más amplio, comprensivo de todo lo temporal– es injusto y ante él tenemos una actitud de crítica total. Propiciamos su íntegra renovación. [...] El destino del hombre está más allá de la política y, por eso, debe ponerse a su servicio. Ello exige del hombre, a la vez *disposición constructiva*, una capacidad para comprender la *técnica jurídica*, el perfecto dominio de la estructura del plano de la *acción política*. Pero sobre todo esto, debe mirar aún más allá del orden temporal y saber mantener, en definitiva, la radical incompatibilidad y la revolución, siempre necesaria, de *lo eterno contra el mundo*». Ver Mario Góngora, «Revolución Política y Revolución Espiritual», en *Revista Lircay*, Núm. 27, año III (1 de agosto de 1936), p. 2. De lo que se desprende que Góngora no desdeña ni la técnica jurídica, ni la acción política, pero tampoco las totaliza, sino que las subordina a «lo eterno contra el mundo» del *materialismo neocapitalista*.

17 Como confesó en la entrevista con Simon Collier de 1982. En *The Hispanic American Review*, vol. 63, N° 4, nov 1983. Disponible en: https://read.dukeupress.edu/hahr/article/63/4/663/148810/An-Interview-with-Mario-Gongora

terriblemente crítico con el neoliberalismo, la tecnocracia y el desarrollismo del «Chicago-gremialismo», cuestión que nos ocupa aquí, pero igualmente crítico con el auge del socialismo ateo al que –en su opinión– se podría derrotar «fundamentalmente, mediante una renovación espiritual, que no se da hoy en Occidente»[18]. De hecho, en su opinión, había una estrecha relación entre ambos fenómenos:

> El racionalismo en que se basa todo ese complejo ideológico, su desprecio por las tradiciones locales y nacionales, su olvido de todo humanismo y de toda motivación espiritual o vital, arrasan con todas las resistencias profundas que precisamente serían los obstáculos para el marxismo[19].

Cargó igualmente contra la mentalidad economicista y calculadora que impedía contrarrestar el utopismo propio del siglo XX: «El marxismo es ahora el conformismo y el oficialismo universitario en los países "libres" de Occidente, gracias fundamentalmente a que no se pudo plantear ni una respuesta metafísica ni religiosa al marxismo»[20].

Crítica al concepto de *autoridad impersonal* de Alberto Edwards

Si bien el propio Góngora reconoció admirar a Arturo Prat como figura del héroe puro, la imagen del fundador Pedro de Valdivia, la madurez intelectual del «chileno adoptivo» Andrés Bello, así como la historiografía apasionada de Vicuña Mackenna, fue un fiel seguidor del intuicionismo ensayístico de Alberto Edwards. Sin embargo, hubo aspectos de fondo en los que difería del porteño y autor de *La fronda aristocrática en Chile* (1927).

En su entrevista con Simon Collier, hablando de la nueva generación de historiadores, afirmaba: «lo que hicieron estos grupos [...] fue romper definitivamente con la mentalidad del Chile del siglo XIX»[21]. Pero, ¿en qué sentido pudo Mario Góngora desmarcarse de la tutela intelectual de sus predecesores? En sus propias palabras: «mis convicciones históricas –mis opiniones sobre lo que la historia es realmente– están muy lejos del positivismo historiográfico del Chile del siglo XIX»[22]. No en balde cargó tintas contra la idea de Edwards del «impersonal» Estado portaliano, por demasiado abstracta. En todo caso, a lo sumo podría considerarse un mito fundacional de la novísima *república en forma*. Bien mito, bien base legitimadora de los principios republicanos y del imperio de la ley (contra los intentos caudillistas de la Fronda que amenazaban continuamente al pueblo chileno), lo cierto es que Góngora se distanció de Edwards en este punto.

---

18   Mario Góngora, «Las lecciones de la Historia» [Entrevista de Raquel Correa a Mario Góngora], en *El Mercurio*, (9 diciembre 1984), p. D3.

19   Mario Góngora, *Civilización de masas y esperanza. Y otros ensayos* (Editorial Vivaria, 1987), pp. 37-38.

20   Íbid., p. 38.

21   Íbid., p. 14.

22   Íbid., p. 22.

Quizá movido por el realismo, asumió que

> ninguna forma de gobierno es totalmente impersonal [...]. Más que eso todavía, me mueve la reflexión de que el régimen portaliano, su "proyecto político", consistía en un gobierno fuerte apoyado por los "hombres de juicio" [...] Ahora bien, una sociedad aristocrática, unos estratos aristocráticos, no son nunca "impersonales". Todas las familias y linajes están más o menos emparentados o tienen lazos de amistad o están separados por odios; todos se conocen. ¿Se puede creer entonces que un medio social de ese carácter se "impersonalice" por el hecho de ocupar cargos públicos?[23].

Aunque, no dejó de reconocer el hecho de que «los principios de Portales tuvieron la virtud de impregnar de espíritu público a algunas personalidades de la clase dirigente»[24].

Otro tanto tuvo que decir sobre la invocación de Edwards al *principio monárquico* restaurado por Diego Portales. En su clásico ensayo de 1927, Edwards sentenciaba:

> La obra de Portales fue la restauración de un hecho y un sentimiento, que habían servido de base al orden público, durante la paz octaviana de los tres siglos de la colonia; el hecho, era la existencia de un poder fuerte y duradero, superior al prestigio de un caudillo o la fuerza de una facción; el sentimiento era el respeto tradicional por la autoridad en abstracto, por el poder legítimamente establecido con independencia de quienes lo ejercían. Su idea era nueva de puro vieja; lo que hizo fue restaurar material y moralmente la monarquía[25].

Frente a tal afirmación Góngora replicaba: «Habría que preguntarse primero si se vivió auténticamente en Chile el sentimiento monárquico[26], con un rey siempre lejanísimo y representado por una burocracia. *¿Fue Chile alguna vez un país monárquico?*»[27].

Por ende, Góngora mostró ser un historiador de raza, con el carácter y la determinación suficientes para salir del *canon* establecido y de la mirada reverencial respecto de sus mayores que «necesitó romper con ellos, para no ser mero epígono», como confesó en su entrevista con Rosario Guzmán para *Qué Pasa*, en 1976.

---

23 Íbid., p. 35.

24 Íbid., p. 35.

25 Alberto Edwards, *La fronda aristocrática en Chile* (Editorial Universitaria, 2022), p. 61.

26 Huelga decir que Chile recibió en el período hispánico el estatus de Capitanía General o gobernación, inferior al estatus del Virreinato del Perú o el Virreinato de la Nueva España (de hecho formó parte del Virreinato del Perú hasta 1798; cosa que influyó en la percepción de lejanía (mediada por la burocracia).

27 Mario Góngora, *Civilización de masas y esperanza. Y otros ensayos* (Editorial Vivaria, 1987), p. 36.

La *noción de Estado* en Mario Góngora

No obstante, ¿por qué hoy, a prácticamente cuarenta años de su muerte, seguimos hablando de él? El interés renovado por la figura de Góngora tiene que ver con la vigencia de sus reflexiones en torno a la noción de Estado, en el contexto de la globalización neoliberal, que ha venido minando paulatinamente los rasgos de estatalidad[28]. De ahí que autores tan dispares hayan dedicado esfuerzos por seguir dialogando con la obra de Góngora. Hugo Herrera, Juan Carlos Vergara, Patricia Arancibia, Joaquín Fermandois, José Díaz Nieva, José Ignacio Vásquez, Alfredo Jocelyn-Holt, Rodrigo Karmy Bolton, Gabriel Salazar o Erwin Robertson son clara muestra de ello.

Es principalmente su *Ensayo histórico sobre la noción de Estado* (1981) lo que mantiene candente la llama de la discusión con aportaciones notables y actuales en obras colectivas[29].

Juan Carlos Vergara resume a la perfección el espíritu de la noción gongoriana de Estado:

> La noción de Estado de Mario Góngora es organicista, y encuentra antecedentes remotos y modernos; en cuanto a los primeros, en Aristóteles, Santo Tomás, la tradición hispánica medieval de Isidoro de Sevilla y Alfonso X, y la formulación neoescolástica de la Escuela de Salamanca, en especial Francisco de Vittoria. En cuanto a los modernos, en Edmund Burke, Adam Müller y el romanticismo alemán en general. El Estado, en esta perspectiva organicista, no puede ser reducido simplemente a una máquina o entelequia abstracta, por el contrario, porta un impulso vital que le otorga su espontaneidad propia, haciendo de él una realidad espiritual cuya finalidad es la mediación general entre todos los intereses que se expresan en su interior, dando cauce a la vida comunitaria[30].

En opinión de Góngora, el Estado tuvo un papel «fundacional» para Chile, puesto que tal y como afirmara en el *Ensayo* (1981): «La idea cardinal del Chile republicano es, históricamente considerado, que es el Estado el que ha ido configurando y afirmando la nacionalidad chilena»[31]. ¿A qué se refería? Permítanme concluir la introducción con sus propias palabras:

---

28 Según los autores clásicos de la *Allgemeine Staatslehre* (Teoría general del Estado) como Georg Jellinek, los rasgos de estatalidad son: 1) el *Staatsgewalt* (el aparato del Estado o instituciones efectivas de gobierno); 2) el *Staatsvolk* (la población); 3) el *Staatsgebiet* (el territorio). En 1984, la periodista Raquel Correa entrevistó a Mario Góngora para *El Mercurio*. Entre las preguntas que lanzó al viejo profesor, destaca una por lo directa que fue: «¿Usted es estatista, profesor?», a lo que Góngora respondió: "Estatismo es una palabra ambigua; puede aplicarse tanto a un conservador tradicionalista, como a un socialista o un fascista. Para mí, el Estado no es necesariamente burocrático –aunque, desgraciadamente, en Chile tendió a serlo por la mentalidad reglamentarista del chileno–, sino que es *la totalidad viviente del país*. Eso no significa que el Estado sea productor –si bien en casos excepcionales puede serlo–, pero sí que el Estado es un *mediador general entre todos los intereses*. En este siglo, tiene el deber especial de proteger a las capas miserables de la población». Ver Mario Góngora, «Las lecciones de la Historia» [Entrevista de Raquel Correa a Mario Góngora], en *El Mercurio*, (9 diciembre 1984), p. D3.

29 Pensemos en *Mario Góngora: el diálogo continúa...* (Editorial Historia Chilena, 2017), libro editado por Gonzalo Geraldo y Juan Carlos Vergara o *Mario Góngora revisitado* (Ediciones Democracia y Libertad, 2023), editado por Valentina Verbal.

30 Juan Carlos Vergara, «Mario Góngora, un pensador chileno crítico de la razón moderna», (2 de marzo de 2024). Disponible en *El Debate*: https://www.eldebate.com/cultura/20240302/mario-gongora-pensador-chileno-critico-razon-moderna_178623.html

31 Mario Góngora, *Ensayo histórico sobre la noción de Estado en Chile en los siglos XIX y XX* (Editorial Universitaria, 1986), p. 262.

Pienso que es posible hablar de "nación" cuando hay un destino común, un "nosotros", de tal fuerza, que el ciudadano va a defender con las armas un territorio y unas fronteras a veces alejadas de su hogar y que nunca ha visto. Esa comunidad, ese "nosotros", ha sido creado en Chile a partir del momento que hay un Estado independiente. No siempre ocurre así en Hispanoamérica, [continúa] [...] México y Perú eran sedes de imperios precolombinos [...]. Allí existe un pueblo formado antes de la Conquista. No es el caso de las tribus de "indios bravos", como los mapuches. Me parece que son más o menos semejantes a Chile, en cuanto a este punto, el Uruguay, Venezuela y Ecuador [...]. No es algo tan singular de Chile el que el Estado configure una nación antes inexistente. Tenemos también muchos ejemplos en Europa[32].

---

32 Mario Góngora, *Civilización de masas y esperanza. Y otros ensayos* (Editorial Vivaria, 1987), p. 34.

III. Crítica a la tecno-gobernanza neoliberal

El espíritu del tiempo tiende en todo el mundo a proponer utopías (o sea, grandes planificaciones) y a modelar conforme a ellas el futuro. Se quiere partir de cero, sin hacerse cargo ni de la idiosincrasia de los pueblos ni de sus tradiciones nacionales o universales; la noción misma de tradición parece abolida por la utopía [...]. Se va produciendo una planetarización o mundialización, cuyo resorte último es técnico-económico-masivo, no un alma [...]. La política gira entre opciones marxistas a opciones neoliberales, entre las cuales existe en el fondo "la coincidencia de los opuestos", ya que ambas proceden de una misma raíz, el pensamiento revolucionario del siglo XVIII y de los comienzos del siglo XIX.

Mario Góngora, *Ensayo histórico sobre la noción de Estado* (1981).

La *época de las grandes planificaciones* y del *materialismo neocapitalista*

Mario Góngora hizo una labor formidable a la hora de proponer una sólida *crítica a la tecnocracia* en dos planos de comprensión: por un lado, desarrolló la crítica en el *plano histórico-político*, a partir de sus observaciones sobre el Gobierno militar y el chicago-gremialismo, en su obra magna *Ensayo histórico sobre la noción de Estado*, publicada en 1981 y, por otro lado, desarrolló la crítica en un *plano ideal-metafísico* en sus ensayos de intervención, a partir de sus observaciones sobre el neocapitalismo, el internacionalismo alienador y el auge de la masa, sobre todo, en sus artículos *Materialismo neocapitalista, el actual «ídolo del foro»* publicado en *Revista Dilemas*, Núm. 2, 1996 y *El poder de la Esperanza*, publicado en *XI Semana Social de Chile*, 1982 [ambos recogidos en el libro *Civilización de Masas y Esperanza. Y otros ensayos* (1987)].

Las nociones de «grandes planificaciones», «materialismo neocapitalista» y «civilización de masas» constituirán en el pensador chileno la columna vertebral de la crítica a la tecno-gobernanza neoliberal. Vayamos por partes.

En el capítulo final de su *Ensayo* (1981), Góngora explica cómo las sucesivas administraciones y gobiernos en Chile comienzan a mutar. Como apuntábamos en la introducción, el Estado, esta es su tesis fuerte (y con la que se granjeó algunas enemistades), fue el agente de construcción paulatina de la nación chilena. Obviamente, esto no significa que se trate de una creación artificial *ex nihilo*, puesto que como explica el filósofo Hugo Herrera en su exhaustivo *El último romántico* (2023):

Antes del Estado del siglo xix, el país carece de una nación perfilada y homogéneamente unificada. Constaban ciertos afectos por lo local y el terruño, pero no ideas y sentimientos lo suficientemente extendidos, asentados y robustos como para hablar de una nación. A diferencia de lo que ocurrió en otros países americanos, "donde grandes culturas autóctonas prefiguraron los virreinatos y las repúblicas", el nuevo Estado chileno surgido desde la independencia no se halló con una nación, sino que fue este quien le imprimió la forma nacional al elemento popular; fue el Estado el forjador, el que generó e introdujo masivamente en él, "un sentimiento y una consciencia propiamente 'nacionales', la 'chilenidad'" [...]. La nación chilena es, para Góngora, producto estatal. Se debe precisar aquí la posición gongoriana. Es menester descartar el error de confundir su tesis sobre la relación del Estado chileno y la nación, con la afirmación de algo así como una creación desde la nada[33].

De ello se desprende que todo intento de desguazar al Estado o reducirlo a la mínima expresión –al modo minarquista– suponga *eo ipso* atentar contra la chilenidad, es decir, contra la nación chilena misma. Luego volveremos sobre este punto.

Lo que merece ser señalado es cómo las élites republicanas y constructoras del Estado van siendo desplazadas, poco a poco, por una serie de oleadas de técnicos, economistas, sociólogos y demás, esto es, por grupos de expertos que acaban cayendo en la trampa de la *heterogénesis de los fines* o, dicho de otra manera, que acaban confundiendo los *medios* (en este caso los instrumentos técnicos, modelos matemáticos y macroeconómicos) con los *fines* (la persecución del bien común). El propio Góngora repararía en esta cuestión al afirmar, en el citado *Materialismo neocapitalista, el actual «ídolo del foro»* (1966), lo siguiente: «La planificación tecnocrática, que se instaura al nivel de los instrumentos, procura imponer fines y valores humanos. Es otro aspecto de la confusión entre fines y medios, de que han hablado tantos pensadores contemporáneos»[34].

¿Cuándo sitúa históricamente Mario Góngora este fenómeno de conversión del Estado-nación en un Estado de expertos? En este punto es necesario que nos refiramos a otro texto de nuestro autor para poder penetrar mejor en esta transformación. En su artículo *Libertad política y concepto económico de gobierno en Chile hacia 1915-1935* (1986), publicado en *Revista de Historia*, Góngora hace toda una genealogía del *primado de lo económico* sobre lo político. En su opinión, el primer personaje en poner de relieve la importancia de las cuestiones económicas es Guillermo Subercaseaux (1872-1959) en la década de 1910. Subercaseaux abogaba

---

33   Hugo Herrera, *El último romántico. El pensamiento de Mario Góngora* (Editorial Planeta Chilena, 2023), pp. 125-126.

34   Mario Góngora, *Civilización de masas y esperanza. Y otros ensayos* (Editorial Vivaria, 1987), p. 180.

por un nacionalismo económico –por otro lado, al estilo del propugnado por Andrew Jackson en Estados Unidos– que dotara a Chile de soberanía económica. En sus propias palabras: «La cuestión fundamental consiste en no ser explotados desde París, Londres o Berlín, a manera de colonias o factorías» (citado por Góngora). Algo así como una «insubordinación fundante», por decirlo en los actuales términos del profesor Marcelo Gullo, habida cuenta de que para Subercaseaux «los fines de la vida política de nuestros Estados están más ligados a las cuestiones económicas, administrativas, internacionales, que a las cuestiones religiosas». Ya a mediados de la década siguiente, sería Eliodoro Yáñez (1860-1932), recién electo presidente de Chile, quien en noviembre de 1924 reivindicara el «concepto económico de gobierno»:

> Si me fuera posible sintetizar mis ideas y señalar sus aplicaciones prácticas, diría que la dirección del Estado en los países sudamericanos se ha hecho hasta ahora bajo un concepto meramente político, nacido sin duda de las exigencias de organización de vida institucional. Pero el incremento de la industria y del consumo y el desarrollo mismo de la democracia con sus necesidades y derechos, ha hecho predominar el concepto económico, ha acrecentado la influencia de las fuerzas económicas, ha dado a la producción de la riqueza, al trabajo, al bienestar de los hombres, una significación o un interés que disipa muchas ilusiones, destruye muchas quimeras y señala nuevos rumbos al gobierno de los pueblos. He aquí el dilema: el concepto meramente político o el concepto económico en el Gobierno del Estado (citado por Góngora).

Asimismo, comenzó a circular entre los sectores cultos y las élites rectoras un cierto *funcionalismo representativo*; había triunfado el eslógan de las «fuerzas vivas» de la economía y la sociedad civil, fórmula que sería utilizada indistintamente a izquierdas y derechas. Fórmula que será recurrida por personajes de la talla de Alessandri o Rivas Vicuña.

Por último, Mario Góngora señala en su genealogía la vehemencia del militar José Santos Salas en su apelación a ese «concepto económico de gobierno», aunque en la forma extremada de la «salvación nacional». Para Santos Salas, que había vertido sus opiniones en *La Nación* y *El Mercurio*, la situación exigía de la creación de un Consejo de Economía Nacional en que estén representadas «todas las fuerzas vivas de la sociedad: el capital, el crédito, los técnicos y trabajadores», puesto que «hay una crisis de la producción nacional», es necesaria «la paulatina nacionalización, la chilenización de las grandes riquezas económicas»[35].

Pero volviendo al *Ensayo* (1981), Mario Góngora sugiere un esquema tripartito de las fases que constituyen la «Época de las planificaciones globales». Veamos.

---

35 A pesar del claro rumbo de la época hacia el estatismo desarrollista, hubo un primer intento de intervención extranjerizante de corte neoliberal en 1955, durante el segundo gobierno del presidente Carlos Ibáñez del Campo (1877-1960). La Misión Klein-Saks fue una comisión de economistas –formada por altos cargos de la banca norteamericana– que operó en Chile entre 1955 y 1958, convocada por el ejecutivo chileno para disminuir la inflación que afectaba al país. Lo económico parecía imponerse, irreversiblemente, sobre lo político.

1ª Fase: *Americanismo desarrollista*

Estas ideas más o menos deslavazadas, cristalizaron décadas después en la presidencia de Eduardo Frei Montalva (1911-1982), quien en su mandato y en pleno desarrollo de su potestad gubernativa, entre 1964 y 1970, llevaría a cabo la «chilenización», es decir, la nacionalización de participaciones de empresas norteamericanas del cobre que operaban en territorio chileno, así como una intensa reforma agraria, mediante la expropiación de haciendas y fundos, implementando un programa de «Americanismo desarrollista» que, por primera vez, ponía en marcha los criterios técnicos de la Comisión Económica para América Latina de la Organización de Estados Americanos (CEPAL, 1950) y de la Alianza por el Progreso (promovida por Kennedy, 1960). ¿Qué se perseguía? contrarrestar los avances del comunismo en la región (en el contexto de la Guerra Fría), mediante la integración en la vida económica de las capas más depauperadas de la nación.

2ª Fase: *Vía chilena al socialismo* (marxismo internacional)

La convulsa presidencia de Salvador Allende (1908-1973) supuso una ampliación e intensificación del programa ejecutado por su predecesor, aunque por vías menos diplomáticas. La Unidad Popular programó una expropiación forzosa de un grupo de industrias que conformaría el «sector social». Si bien la «chilenización» sólo pudo llevarse a término exitosamente en el sector del cobre (sin indemnización alguna para los damnificados), la reforma agraria protagonizó un proceso de expropiaciones sin precedentes en la historia de Chile. En palabras de Góngora: «El país entra a figurar en un horizonte de guerra ideológica mundial, en un horizonte en que jamás había comparecido antes»[36].

3ª Fase: Gobierno de la Junta Militar («Revolución neoliberal desde arriba»)

Si bien la primera fase constituye el novedoso experimento de adhesión a teorías y modelos macroeconómicos del desarrollismo latinoamericanista y la segunda fase se circunscribe al marxismo internacional teledirigido por la *Komintern* (III Internacional Comunista), la tercera fase atiende a la aplicación de un programa de privatizaciones y desregulaciones sistemático que se basaba en los modelos monetaristas y marginalistas de la Escuela de Chicago. Tras el golpe de Estado del general Pinochet, la Junta Militar, en connivencia con los intelectuales orgánicos del movimiento gremialista y el apoyo de la *expertise* técnica de los Chicago Boys[37],

---

36 Mario Góngora, *Ensayo histórico sobre la noción de Estado en Chile en los siglos XIX y XX* (Editorial Universitaria, 1986), p. 245.

37 Merece la pena detenerse sobre este punto. Como es ampliamente conocido, la *Declaración de Principios del Gobierno Militar* (1974), elaborada –muy probablemente– por el líder del movimiento gremialista Jaime Guzmán, estaba claramente inspirada por el pensamiento católico: corporativismo, representación orgánica y personalismo. El propio Góngora así lo reconoce en su entrevista con Raquel Correa de 1984: «La Declaración de Principios tiene una inspiración totalmente diversa de la política de Chicago». Eso no obsta, para que su materialización se deslizara por otros derroteros: los de la modernización capitalista… 20 años después del experimento Klein-Saks y tan sólo unos meses después de la *Declaración de Principios*,

implementó una reestructuración general de la economía, la sociedad y del poder estatal que, si bien logró reducir drásticamente las tasas de inflación que acuciaban a la economía chilena, se convirtió en toda una «Revolución desde arriba» cuyo propósito estaba claro: desguazar al Estado. Recordemos que es el Estado quien había «informado» la nacionalidad chilena. En consecuencia, so capa de la defensa de los intereses nacionales, el orden y el respeto a la ley, la dictadura se convirtió, *de facto*, en un auténtico agente *antinacional* que redujo todo lo que pudo el «dirigismo estatal» (en materia de protección aduanera, subvenciones a la producción por ramos y «chilenización» de sectores estratégicos, salvo en el caso del cobre que el Gobierno Militar mantuvo). Se culmina, de este modo, lo que Juan Carlos Vergara denomina: el giro definitivo de la derecha hacia el «capitalismo liberal anticomunista»:

> [...] esta apertura a la economía liberal supuso su adhesión incondicional a la inversión (e intervención) norteamericana en Chile. Así, no se puede olvidar que el discurso de la derecha criolla surge en un mundo de posguerra, y sólo se puede comprender su configuración como un "capitalismo liberal anticomunista" en los márgenes de la Guerra Fría. Este proyecto de modernización capitalista estará centrado en dos aspectos: la apertura de los mercados a la inversión extranjera (especialmente norteamericana), y el desmantelamiento de la intervención económica del Estado[38].

---

en 1975, se aprobaba «El Ladrillo» (programa económico confeccionado por los Chicago Boys para el Gobierno Militar). Con él se consolidaba el viraje del chicago-gremialismo hacia el *modelo neoliberal*. Pero ¿cómo es posible que se pasara de los sólidos principios católicos del corporativismo y del personalismo a los del individualismo capitalista? Juan Carlos Vergara lo explica a la perfección. Tanto los gremialistas como los economistas neoliberales comparten una *base antropológica* individualista. Si bien la primera está matizada por un personalismo de base comunitaria, la neutralización del principio de subsidiariedad y de los cuerpos intermedios, lleva a traicionar los principios católicos que aplacaban, en origen, el elemento atomizador y disolvente. En sus palabras: «si bien el gremialismo adopta dos de los planteamientos del corporativismo católico, subsidiariedad del Estado y autonomía de los cuerpos intermedios –familia, municipios, etc.–, plantea contrariamente la despolitización de los mismos. Este es un punto de suma importancia, porque es allí donde se juega la *derechización* [en un sentido economicista] *del gremialismo*. En la medida que los cuerpos intermedios son la base representativa del poder político de acuerdo a la teoría corporativista, adquiere la mayor relevancia dentro de un Estado Corporativo la efectiva representación, participación y deliberación de los mismos, que entonces ya no necesitarían de la existencia inorgánica de los partidos políticos. En tal planteamiento, estos últimos pierden su razón de ser toda vez que las corporaciones se representan autónomamente frente al poder político del Estado [...]. El gremialismo, al desatender a los cuerpos intermedios (los "gremios") de la deliberación política, les asigna tareas –respecto a sus propios fines– cuya naturaleza es "preponderantemente técnica", y vuelve a centrar la actividad política, en su dimensión deliberativa, en los partidos políticos [...]. Por lo anterior, el planteamiento gremialista, centrado en la despolitización de los gremios y el énfasis en "criterios técnicos", se distancia definitivamente del corporativismo, sea católico o nacionalista, inscrito en la familia política conservadora del siglo XIX europeo, y se inscribe en la tradición y el proyecto de la derecha chilena [...]. A partir de 1975, una vez aprobado *El Ladrillo* –y con él el neoliberalismo– toda expresión político-económica distinta es minimizada y subsumida a este [...]. Sostenemos que el gremialismo vio en el modelo de los *Chicago Boys* la representación del avance efectivo dentro del gobierno de los sectores blandos, aglutinados bajo el programa de una democracia protegida. Con todo, se trate de un núcleo común irreductible o de una aproximación entre gremialismo y neoliberalismo, lo cierto es que hay un ideario común a ambos que explica la proximidad y colaboración, más allá de las alianzas puramente coyunturales. Para los neoliberales, la *libertad individual* es el resultado de la aparición del mercado, por tanto un bien adquirido debe ser defendido mediante la protección de este último de la intervención de agentes externos a él, como el Estado. Por parte del gremialismo, el sujeto tiene carácter sustantivo, es el fundamento de lo social y su fin, por lo que el Estado, en tanto bien común, posee un carácter accidental [...]. Esta *antropología filosófica* redunda en un explícito *anti-estatismo* expresado por los neoliberales en la idea de *economía descentralizada*, y en el gremialismo por el *principio de subsidiariedad negativa y autonomía* de los cuerpos intermedios». Ver Juan Carlos Vergara, «La noción de derecha en Chile. Contribución a una comprensión histórica», en *Bicentenario. Revista de Historia de Chile y América del Centro de Estudios Bicentenario*, Vol. 17, Núm. 1 (2018), pp. 44-49.

38 Juan Carlos Vergara, «La noción de derecha en Chile. Contribución a una comprensión histórica», en *Bicentenario. Revista de Historia de Chile y América* del Centro de Estudios Bicentenario, Vol. 17, Núm. 1 (2018), p. 36.

Estas tres fases son distintos momentos de un mismo proceso histórico: el de las «grandes planificaciones», por ende, deben compartir rasgos básicos, a saber: i) son modelos implementados de arriba hacia abajo (*top-down*) por una élite tecnocrática de expertos; ii) son, además, modelos abstractos y novedosos importados desde el extranjero que se «experimentan» en territorio nacional; iii) y que se basan en la supremacía del «concepto económico de gobierno».

Con todo, es interesante observar cómo, si bien el modelo neoliberal se introdujo en Chile, vía Dictadura pinochetista; en España se introdujo, institucional y económicamente, a través del proceso de integración europea, de la mano del PSOE, y lo hizo –cual caballo de Troya– culturalmente (también de la mano del PSOE madrileño de Enrique Tierno Galván) a través del movimiento artístico y musical denominado Movida Madrileña. Al menos, esta es la interesantísima tesis que apunta el periodista cultural y buen amigo Víctor Lenore en su atrevido ensayo *Espectros de la movida: Por qué odiar los años 80* (Ediciones Akal, 2018). En su opinión:

> La movida se vende como contracultura y como algo transgresor cuando no lo es. En realidad es una cultura industrial, que suele entenderse como la apertura de España a la modernidad, pero que no es más que una parafernalia que reproduce los valores neoliberales de consumo e individualismo.

El origen es lo de menos: criterios macroeconómicos del desarrollismo latinoamericanista (CEPAL), manuales de economía soviéticos (DIAMAT), esquemas neoliberales de la Escuela Austríaca (Friedrich Hakey, Ludwig von Mises, etc.) o de la Escuela de Chicago (Milton Friedman, George Stigler, etc)[39].

Todos convergen en su desprecio por las particularidades locales y tradiciones de los pueblos en su afán racionalista, utopista y tecno-optimista por implantar esquemas preconcebidos aplicables a cualquier realidad concreta (como si de una cadena de montaje en serie se tratase). Siguiendo de nuevo a Hugo Herrera, que parafrasea a Góngora en su libro *Pensadores peligrosos* (2021):

> Tanto el marxismo como el neoliberalismo tienden a "partir de cero, sin hacerse cargo ni de la idiosincrasia de los pueblos ni de sus tradiciones nacionales o universales; la noción misma de tradición parece abolida por la utopía". Las "planificaciones globales", el "planificacionismo generalizado", la "planificación tecnocrática", chocan,

---

39 Conviene decir que Mario Góngora trazaba una clara línea divisoria entre el «liberalismo republicano» clásico y la «derecha económica». En su artículo *Libertad política y concepto económico de gobierno en Chile hacia 1915-1935* (1986) sostenía que el «liberalismo republicano» es un *«liberalismo político»; esto es, la libertad se da en el Estado y no fuera de él* [...]. Nada más diferente de este liberalismo político que el liberalismo económico que surge en Chile en el medio empresarial desde la década de 1930 en adelante, la "derecha económica", siempre deseosa de escapar del Estado». Ver M. Góngora, «Libertad política y concepto económico de gobierno en Chile hacia 1915-1935», en *Revista de Historia*, Núm. 20, Vol. I (1986), p. 12. Abonando esta idea, el profesor Pablo Paniagua sostiene que «la desestimación del liberalismo y de sus fuentes intelectuales y filosóficas por parte de algunos Chicago Boys, sugiere que estos eran más bien libertarios pragmáticos que buscaban modificar la economía estatista y desarrollista previa a 1973 [...]. Los referidos economistas han cometido el error de desatender en demasía otros aspectos del liberalismo [...]. Lo cierto es que se necesita mucho más que la técnica económica y una plantilla de Excel para ser un buen economista [...]. Así las cosas, una de las paradojas del liberalismo en Chile es que por muchas décadas se ha defendido y formulado única, o principalmente, una visión deslucida del mismo, asociada a la tecnocracia o a la "planificación" de los economistas de Chicago». Ver Pablo Paniagua Prieto, «Mario Góngora y los Chicago Boys: el neoliberalismo y los límites de la tecnocracia», en Valentina Verbal, *Mario Góngora revisitado* (Democracia y Libertad, 2023), pp. 241-242.

sin embargo, con la "individualidad" del pueblo, con hábitos asentados que le dan forma propia de existencia, una mentalidad. "Los desarrollismos capitalistas o socialistas son radicalmente enemigos de ese *ethos* o mentalidad popular" [...]. Ellos tratan de reconducir la complejidad de la realidad, la forma concreta de existencia del pueblo y los lazos que lo vinculan y conforman, a esquemas en los que se termina oprimiendo[40].

En efecto, es simple y llanamente el desapego a lo real, la desconexión con lo concreto, lo que diferencia a un tecnócrata de un estadista. El político republicano del siglo XIX manifestaba la decisión espontánea y humana (y, por ende, falible) apegada a las costumbres de la nación, mientras que, en opinión de nuestro autor:

Ni el puro técnico, y mucho menos el funcionario subalterno, pueden tener el ámbito de independencia que poseía el antiguo político liberal o conservador chileno del siglo XIX [...]. La Técnica se nos aparece como presidida por un ilimitado imperativo de eficiencia, de perfección en los medios. La eficiencia lineal de los medios hace desaparecer las concepciones trascendentes de Justicia, de Derecho Natural o de Derecho Histórico, de libertad o de libertades [...]. La Técnica se ha ido infiltrando muy lentamente en el medio chileno y con ella se infiltra, como en todos los países hispanoamericanos, la "ideología de la Técnica", la creencia mágica en la omnipotencia de la racionalización o de la Técnica [...]. Pero este dominio decisivo de la Técnica y del pensamiento técnico dentro del mundo civil, se ha logrado en el Chile del siglo XX, cuando la Economía ha transitado, desde la dirección de la mente empírica que ejercían antes los políticos o los funcionarios de Hacienda, al surgimiento de un círculo especializado [...] porque la política deja de girar alrededor de las cuestiones jurídico-constitucionales, y se hace económica y la economía se hace técnica. El economista se pone al servicio de distintas ideologías, reinantes en los últimos 30 años, desarrollismo, socialismo, liberalismo económico; pero lo que se le exige siempre es que sea un técnico, que su acción tenga resultados eficientes, ya que de estos resultados depende en el fondo el éxito o el fracaso de los gobiernos ante las masas. En este sentido, los tipos más valorados en el mundo civil ya no son propiamente los políticos, sino los técnicos, cuyo espíritu es en principio apolítico [...]. La expansión del pensamiento técnico lleva finalmente, como es sabido, en el terreno de las ideas, a la concepción de una tecnocracia[41].

Esta «ideología de la técnica» cuya naturaleza es «en principio apolítica» (y, por ende, prácticamente infalible) se convierte en un velo ideológico que impide abordar los problemas sociales desde el sentido común o «mente empírica» y obliga a los decisores políticos a convertirse en meros engranajes de una maquinaria que exige *eficiencia* antes que justicia, *procedimiento* antes que verdad, *impersonalidad* antes que caridad, *reproducibilidad técnica* antes que belleza. Una maquinaria que exige, en resumen, sumisión absoluta a la sacrosanta *racionalidad burocrática*.

---

40 Hugo Herrera, *Pensadores peligrosos. La comprensión según Francisco Antonio Encina, Alberto Edwards y Mario Góngora* (Ediciones Universidad Diego Portales, 2021), p. 161.

41 Mario Góngora, «La noción de "lo civil" en la historia chilena», en *Jornadas Nacionales de Historia de las Mentalidades* (Universidad de Valparaíso, 1986), pp. 22-25.

La *burocratización* de la existencia y el advenimiento de la *civilización de masas*

Permítanme, por un momento, que me remita a Max Weber y Vladimir I. Lenin. En seguida comprenderán el porqué[42]. Durante el verano de 1917 estos autores, incardinados en tradiciones radicalmente opuestas, escribían dos ensayos sobre la naturaleza del Estado, la burocracia y la política, presentando algunos puntos en común que nos pueden ayudar a profundizar en la relación sociedad-burocracia.

Al igual que Mario Góngora establece una distinción entre «técnica» y «tecnocracia», es preciso sondear las diferencias entre «burocracia» y «burocratización». En *Materialismo neocapitalista* (1966) el historiador chileno afirma al respecto: «Es preciso mantener la diferencia entre técnica y tecnocracia. Las técnicas, "esas manifestaciones eficaces, artificiales, subalternas, delimitadas, transmisibles, innovadoras"(Gurvich), tienden a veces a erigirse en tecnocracia, pasando de la escala reducida a la global»[43]. ¿Significa esto que se trata meramente de una cuestión de escala? No, como veremos enseguida. ¿Acaso pretende decirnos que la técnica es un conjunto de herramientas y procedimientos neutrales? Tampoco. La *técnica*, al igual que la *burocracia* son portadoras de un espíritu concreto, no son neutrales.

Atendamos ahora a las palabras del profesor Xabier Arrizabalo en *Enseñanzas de la Revolución rusa* (2018) acerca de la distinción burocracia/burocratización:

> […] es necesario precisar el sentido del término burocratización: la burocracia, el aparato, las "oficinas" [*bureau*], son distintos nombres para designar un instrumento necesario, imprescindible, relativo a la gestión, ya sea del partido o del Estado o de cualquier otro órgano o institución. Por tanto, el problema no es la burocracia *per se*, sino su hipertrofia, la burocratización que se implanta como expresión de la configuración de un interés particular, no común al conjunto de la sociedad, sino asociado al lugar exclusivo que se ocupa en el aparato del partido o del Estado. Su consolidación cada vez mayor nos lleva a hablar de degeneración burocrática[44].

El propio Góngora reconocía, *sin ambages*, en 1984 que «el Estado no es necesariamente burocrático –aunque, desgraciadamente, en Chile tendió a serlo por la mentalidad reglamentarista del chileno–». Encuadrada la cuestión de este modo, podemos distinguir claramente entre la «burocracia» (como una herramienta imprescindible para la administración ordinaria de las cosas) y el proceso de «burocratización» como su *hipertrofia* o *degeneración*.

---

42 Haré alusión a las conclusiones que podemos extraer de *Parlamento y gobierno en el nuevo ordenamiento alemán*, de Max Weber y *El Estado y la revolución*, de Vladimir I. Lenin. Obviamente, los pondré en relación con diversos trabajos de Mario Góngora, poniéndolos también en diálogo con Herbert Marcuse, Norberto Bobbio, Erik Olin Wright, Xavier Arrizabalo, Hugo Herrera, Mabel Thwaites o Adrián Piva.

43 Mario Góngora, *Civilización de masas y esperanza. Y otros ensayos* (Editorial Vivaria, 1987), p. 180.

44 Xabier Arrizabalo, *Enseñanzas de la Revolución rusa. Interpretación marxista de la experiencia soviética a través de sus textos* (Instituto Marxista de Economía, 2018), p. 135.

Hecha esta apreciación, observamos -volviendo a Weber y Lenin- que ambas reflexiones parten del presupuesto de que en las sociedades capitalistas hay una tendencia inexorable a la burocratización y, por ello, una correlativa oligarquización del aparato del Estado. La cuestión central en Weber y Lenin es el hecho de que la conformación de las élites es una consecuencia de las exigencias del Estado burgués (en el contexto de la sociedad de masas). Ergo, deben preexistir las condiciones de una sociedad masificada. La masa debe haber irrumpido. Masa que, como explica Góngora en *El poder de la Esperanza* (1982):

> no es solamente la multitud vociferante de las jornadas políticas, ni la opinión pública expresada a través de los medios de comunicación; es hoy día todo un *régimen existencial de la vida humana*, que impone una *nivelación general* [...] la Civilización de Masas va imponiendo su modo de ser *en todo el mundo*. Esa civilización se basa en una Técnica fundada en las Ciencias Naturales y Sociales: la Ciencia ha pasado a ser la suprema instancia de la fe humana [...]. La Técnica y la Masa están íntimamente unidas, se generan recíprocamente. La *absolutización de la Técnica* tiene hoy día un ámbito planetario, más allá de las grandes diferencias ideológicas; los restos de las grandes culturas históricas se ven generalmente desplazados por esta civilización mundial de masas, generada sin embargo dentro de la cultura occidental. El actual *Materialismo* práctico nos hace pensar inevitablemente en el "Pan y Circo" de la Civilización romana [...], pero existe una diferencia radical: el poder de la Técnica racionalizadora otorga al "aparato" totalizador una intensidad que jamás llegó a tener el Imperio Romano; se produce aquí un *salto de la cantidad a la cualidad*[45].

Vayamos por partes. En primer lugar, Góngora despeja nuestras dudas acerca de «la cuestión de la escala». La sociedad de masas ha producido un «salto de la cantidad a la cualidad», por ende, el paso de la técnica a la tecnocracia no es meramente una cuestión numérica, cuantitativa o de escala. Además, nos ofrece una serie de claves de entendimiento acerca de lo que denomina «Civilización de Masas».

En su opinión, la masa no es el conglomerado más o menos anárquico de las sociedades modernas, es más bien todo un «régimen existencial». Un régimen que tiende a la «nivelación general» o, si se prefiere, a la homogeneización de las comunidades nacionales. Asimismo, este régimen es de «ámbito planetario» o de alcance global, puesto que se despliega en todo el mundo (sin dejar lugar al afuera). Creando la falsa y quimérica imagen de la «unidad del mundo» globalizado. Esta civilización, además, está legitimada por el aparato tecno-científico. La razón burocrática y la masa se retroalimentan. La una no existe sin la otra. Del mismo modo que, al decir de Karl Jaspers: «Técnica y masa se han generado recíprocamente». En el proceso de «absolutización de la técnica» ha habido un «desencantamiento» del mundo (un *Entzauberung der Welt*, en términos de Weber), que ha eliminado de la ecuación de la existencia el elemento mistérico. No puede haber nada que quede fuera del alcance del conocimiento científico para el Hombre y la técnica. Ni la idea de Dios queda al margen de la profanación y desacralización protagonizadas por la *hýbris* prometeica. Todo ello da lugar a un *materialismo* circense, a un mundo despojado de trascendencia, un mundo desquiciado, que

---

45 Mario Góngora, *Civilización de masas y esperanza. Y otros ensayos* (Editorial Vivaria, 1987), pp. 97-99.

ha perdido la verticalidad. Por último, la imposibilidad de un afuera y el despliegue planetario de la técnica conjugados hacen que la intensidad, y capilaridad de este régimen existencial haya penetrado en todos los rincones de la vida humana.

Hugo Herrera ahonda en la reflexión gongoriana al describir las características de la «masa»:

> Aparece en Chile "la masa", indica Góngora, un conjunto humano sin articulaciones internas ni pertenencias tradicionales. Caracterizada por su desarraigo, su [no] resistencia a las élites y ser el correlato de la actividad extendida de la racionalidad y de los dispositivos técnicos[46] tras las nuevas maneras de producir y habitar, el hecho es que emerge un *conjunto humano indiferenciado*, disponible para la ejecución de la operación de control y políticas explícitamente diseñadas por los mentados cientistas sociales [...]. El resultado de todo ello ha sido *fatal para la individualidad*; se ha producido una *despersonalización*. El individuo queda aislado y atomizado, pues las comunidades y *comuniones tradicionales* han sido *destruidas* por el poder masivo; las peculiaridades históricas de estamentos, pueblos y naciones tienden a desvanecerse [...]. La *absolutización de la Técnica* ha sido fatal, no solamente para el individuo humano, sino también para las "cosas" cargadas de encanto y de misterio, como lamentaba Rilke. La *desacralización*, que avanza incesantemente en Occidente desde el siglo XVIII ha aventado o aventará con todo el misterio y lo venerable del Universo. La *masificación del hombre* y su *sumisión a potencias anónimas* no se da solamente en los Estados Totalitarios, como suele decirse. También la sociedad en el bloque 'democrático occidental' es coactiva[47].

Para el filósofo chileno, la masa es un «conjunto humano indiferenciado» que ha sido «fatal para la individualidad»[48] no sólo en los totalitarismos realmente existentes (soviético, nacionalsocialista y fascista), sino en las democracias occidentales. La «Civilización de masas» ha destruido las comunidades y autoridades

---

[46] Hugo Herrera hace aquí referencia implícita al concepto de *dispositif* foucaultiano que el filósofo italiano Giorgio Agamben describe como «todo aquello que tiene, de una manera u otra, la capacidad de capturar, orientar, determinar, interceptar, modelar, controlar y asegurar los gestos, las conductas, las opiniones y los discursos de los seres vivos».

[47] Hugo Herrera, *Pensadores peligrosos. La comprensión según Francisco Antonio Encina, Alberto Edwards y Mario Góngora* (Ediciones Universidad Diego Portales, 2021), p. 135.

[48] Hemos de comprender esta «individualidad» más allá de lo referido a los sujetos. ¿A qué hacemos alusión? Al término *Individualität*. Es interesante remitirse a Hegel en este punto. En los párrafos § 321 y § 322 de la *Filosofía del Derecho* (1821) explica: «el Estado tiene individualidad, y la individualidad es en esencia un individuo, y en cuanto soberano es un individuo real e inmediato [...] La individualidad, como un *ser-para-sí* excluyente, aparece como una relación con otros Estados, cada uno de los cuales es independiente frente a los demás. En esta independencia tiene su existencia el *ser-para-sí* del espíritu real; por lo que esta independencia es la libertad primera que posee un pueblo y su dignidad máxima». La individualidad que liquida la «Civilización de masas» es propiamente «la libertad primera que poseen los pueblos y su dignidad máxima» en un asfixiante proceso de homogeneización cultural intensificado con la *anglobalización*. Así, se comprenden mejor las palabras de Góngora del ensayo *El poder de la Esperanza* (1982): «podemos decir que la verdadera libertad, es decir, la posibilidad de decidirse por "ser-sí-mismo", es más difícil que nunca antes lo ha sido en nuestra Civilización Mundial de Masas». Ver Mario Góngora, *Civilización de masas y esperanza. Y otros ensayos* (Editorial Vivaria, 1987), p. 100. Se comprenden también mejor las palabras de Góngora de otro ensayo *Materialismo neocapitalista, el actual «ídolo del foro»* (1966): «se presenta ahora una arrasadora incomprensión de que los pueblos tienen algo así como una individualidad [...]. No se medita en que un pueblo, como un individuo, es su pasado: que una revolución, cuando es genuina se alimenta siempre de una tradición latente [...]. Particularmente dañosas resultan las planificaciones cuando se procede sin el conocimiento de la geografía, la historia, la sociedad, la psicología colectiva; cuando no son sino el fruto de recomendaciones de la burocracia internacional». Ver Mario Góngora, *Civilización de masas y esperanza. Y otros ensayos* (Editorial Vivaria, 1987), p. 181.

tradicionales canjeándolas por la «sumisión a potencias anónimas», dando lugar a la «despersonalización» absoluta... Piensen en el CEO extranjero de la empresa, el burócrata de Bruselas, el Foro de Davos, etc. El poder regio en el Antiguo Régimen era un *poder personal*, investido de *auctoritas* por el honor familiar de la dinastía, transferido de generación en generación por el apellido (legitimidad de *origen*) y adquirido por los dotes de mando (legitimidad de *ejercicio*).

Podríamos decir, entonces, que la burocratización es un fenómeno propio de la *sociedad de masas* (capitalista) posterior a la Revolución Científica, la Revolución Industrial y, en consecuencia, a la estabilización demográfica y el flujo masivo del campo a la ciudad. De tal modo que en el sistema capitalista los órganos burocráticos son al mismo tiempo: (i) por un lado, *técnica de organización formal* y, (ii) por otro, *capa autonomizada con intereses propios*. He ahí el entrecruzamiento entre técnica y burocracia[49]. Mario Góngora sostiene, en esta línea, en *La noción de "lo civil" en la historia chilena* (1986) que son dos factores los que han propiciado el advenimiento de la *civilización técnica de masas*: 1) el crecimiento exponencial del «cuerpo burocrático» en el «transcurso del siglo xx» y, 2) el «predominio de la técnica». Dentro de la división social del trabajo la burocracia constituye, al decir de Claude Lefort, un «cuerpo especializado de dominio» fundamental en las tareas de reproducción sistémica.

Si Weber está en lo cierto: (i) con el desarrollo del capitalismo y la creciente *complejidad* de la sociedad, la necesidad de administración racional se dispara cualitativa y cuantitativamente; (ii) el resultado de esto es que las organizaciones humanas (tanto privadas como públicas) se tienden a burocratizar cada vez más; y (iii) al hacerlo, la burocracia y el poder de los burócratas se expande, se autonomiza, se impersonaliza y, en última instancia, se particulariza –del fin social del Estado– constituyéndose en una clase diferenciada con intereses creados propios, que más pronto que tarde diferirá de la persecución del bien común.

Así pues, como el sociólogo alemán describiera en su clásica obra *La ética protestante y el espíritu del capitalismo* de 1905, el «modo de vida racionalizado» propio de la Modernidad (que tuvo curiosamente su primera expresión en los herméticos monasterios católicos de la Edad Media[50]) eclosiona a partir de la Reforma protestante. Y es que, en palabras de Weber: «Lo que encontraban reprochable *aquellos reformadores*, que surgieron precisamente en los países *más desarrollados económicamente*, no era que hubiera *demasiado* control religioso-eclesiástico de la vida, sino que hubiera *demasiado poco*»[51]. La burocratización de la existencia se lleva a cabo, de este paradójico modo, en nombre de la libertad (¿religiosa?).

---

49 Quizá, ciñéndonos a las explicaciones de Mario Góngora y Xabier Arrizabalo, para ser más precisos, debiéramos emplear el término «tecno-burocracia» a la hora referirnos a la extenuación e hipertrofia de ambos elementos.

50 No es casualidad el hecho de que el «padre de la contabilidad», sobre todo, por su gran aportación del «debe» y el «haber» (o más comúnmente conocido como «sistema de partida doble»), fuera un fraile franciscano de mediados del s. xv: el italiano Fray Luca Bartolomeo de Pacioli.

51 Max Weber, *La ética protestante y el «espíritu» del capitalismo* (Alianza Editorial, 2016), p. 70.

Sea como fuere, la formación de esa *mentalidad económica moderna* requería de una densa e intrincada malla de reglas, procesos y procedimientos que legitimase su primacía. De ahí que naciera la forma de dominación política más sofisticada del capitalismo –por supuesto, también en nombre de la libertad–, esto es, nos referimos a las democracias liberales bajo la forma del Estado de derecho (que encontrarán en Mario Góngora, tanto en el joven como en el maduro, a un crítico mordaz). Según la teórica argentina Mabel Thwaites:

> El tipo más puro de dominación legal, a su vez el más racional, es el que se vale de un *aparato burocrático*. Históricamente el proceso de racionalización del que nace la moderna empresa capitalista, observa Weber, va a la par del de legalización del poder, que es una de las manifestaciones a través de las cuales se puede captar el proceso de racionalización característico del Estado moderno[52].

Coinciden claramente el ideal weberiano de *racionalidad* y la sospecha leniniana en sus observaciones en torno a la *dominación* racional-legal en la sociedad de masas. Uno la verá con buenos ojos, el otro abominará de ella, pero lo cierto es que coinciden en el diagnóstico. Herbert Marcuse, destacado miembro de la Escuela de Fráncfort, no obstante, señala agudamente una flaqueza en la propuesta teórica de Max Weber:

> Él no se plantea la cuestión de saber si esas necesidades son verdadera y realmente "tecnológicas" o si no son más bien la máscara tecnológica que oculta intereses sociales específicos. Ellas son, para Weber, el fundamento de la dominación legítima en cuanto componente integral de la racionalidad capitalista[53].

Por otro lado, si Lenin tampoco yerra al afirmar que «El Estado es producto y manifestación del carácter irreconciliable de las contradicciones de clase [...] Y viceversa: La existencia del Estado demuestra que las contradicciones de clase son irreconciliables... El Estado es un órgano de dominación de clase». Tenemos como resultado que, por las propias exigencias del desarrollo de las fuerzas productivas en el capitalismo industrial, la burocratización aparece en términos de necesidad en dos sentidos: (i) como forma necesaria de eficacia y (ii) como cobertura necesaria de legitimación de la dominación política (racional-legal). Existen, por tanto, dos vectores de fuerza que empujan al Estado burgués a adaptarse a la incipiente sociedad de masas: el *técnico-económico* (eficiencia) y el *ideológico-técnico* (legitimidad) que quedan señalados tanto por Weber como por Lenin, respectivamente. Desde esta perspectiva comparada resulta más sencillo salir, en palabras de Norberto Bobbio, del

> [...] erróneo planteamiento del problema, o sea, de la falsa creencia [propia del marxismo vulgar] de que el Estado burocrático nació, más que del acrecentamiento y de la complicación y tecnificación de las misiones del Estado, de la llamada "separación" entre la sociedad civil y la esfera política, como consecuencia de la subida de

---

52 Mabel Thwaites, «Legitimidad y hegemonía. Distintas dimensiones del dominio consensual», en M. Thwaites, *Estado y marxismo. Un siglo y medio de debates* (Prometeo Libros, 2007), p. 173.

53 Herbert Marcuse, *La sociedad industrial y el marxismo* (Editorial Quintaria, 1969), p. 24.

la clase mercantil burguesa, [conforme al cual] se saca la consecuencia de que basta eliminar el Estado burgués para eliminar al Estado burocrático[54].

Ahora bien, tampoco podemos desdeñar esta «separación» entre sociedad civil y esfera política. La burocracia moderna (vinculada estrechamente a la noción de «lo civil», cuya génesis en Chile es profusamente abordada por Mario Góngora) se funda no sólo en la complejización societaria, sino también en la separación de las esferas de lo público y lo privado. De lo que se sigue que

> [...] la burocracia sólo puede articular un dominio impersonal constituyéndose como cuerpo separado y autonomizado. Como tal reproduce de modo concreto la separación entre lo económico y lo político, que es su fundamento, y se constituye en esqueleto del Estado, al que le otorga, simultáneamente, apariencia de cosa y de agente autónomo con continuidad histórica[55].

La burocracia (civil y militar) –incluso en su dimensiones meramente material e instrumental (*bureau*)– así entendida juega entonces un importantísimo papel ideológico o *mistificador*, ya que «[...] ha sido el modo histórico en que aquella exigencia de la estructuración de la dominación impersonal y abstracta cobró forma»[56], pues para que el Estado pueda presentarse como un ente *por fuera y por encima* de la sociedad, en un juego de prestidigitación, se crea la ilusión «[...] de su organización burocrática como un cuerpo separado de todos los grupos sociales, incluida la clase dominante»[57] y, por ende, la ilusión de su naturaleza neutral. En aras de esa pretendida lealtad moderna al servicio de una *finalidad objetiva* e impersonal, el Estado burgués persigue la *despolitización* de los cuerpos intermedios, para erigirse en el conjunto de instituciones que exigen para sí –con éxito– el monopolio de la violencia física legítima y el cumplimiento de los órdenes, por seguir la archiconocida fórmula de Weber. En consecuencia, es el Estado, en el contexto de la sociedad de masas de alcance global, quien promueve -mediante la activa despolitización- la destrucción de la densidad del entramado comunitario:

> La lenta conformación histórica del pueblo a lo largo de los siglos pasó a ser desconocida con la despolitización de la sociedad, con una reeducación popular por la vía de nuevas formas de consumo e interacción social, y con la destrucción de entramados jurídicos, simbólicos, vecinales y sindicales, territoriales y culturales establemente asentados[58].

Es obligación del científico social profundizar en dicha relación con el ánimo de develar y de hacer visible el conjunto de las relaciones sociales subterráneas que este dispositivo ideológico encubre. Relaciones entre propietarios y productores que Marx describía como el *secreto más profundo*, el fundamento oculto de toda

---

54 Norberto Bobbio, *¿Qué socialismo? Discusión de una alternativa* (Plaza & Janés Editores, 1977), p. 96.

55 Adrián Piva, «Burocracia y teoría marxista del Estado», en *Intersticios. Revista Sociológica de Pensamiento Crítico*, Núm. 6 (2), p. 44.

56 Adrián Piva, «Burocracia y teoría marxista del Estado», en *Intersticios. Revista Sociológica de Pensamiento Crítico*, Núm. 6 (2), p. 34.

57 Íbid., p. 40.

58 Hugo Herrera, *Pensadores peligrosos. La comprensión según Francisco Antonio Encina, Alberto Edwards y Mario Góngora* (Ediciones Universidad Diego Portales, 2021), p. 181.

la construcción social capitalista. De lo contrario, la presión ejercida por la *despersonalización* burocrática y la *indiferenciación* globalizada de la sociedad de masas, acabarán por destruir toda forma de arraigo y sentido nacional. El joven Góngora, del discurso pronunciado el 10 de octubre de 1937, en la Convención Nacional de la Juventud Conservadora, no era ajeno al hecho de que la modernización capitalista tenía un costoso peaje:

> Es un hecho real y positivo que el capitalismo europeo y americano desde fines del siglo pasado, tienden al imperialismo y a la expansión, penetrando en las naciones cuya economía no ha llegado al periodo industrialista: y esta penetración incontrolada en Hispanoamérica, ha traído como consecuencia la destrucción del sentido nacional.

Técnica, cálculo y neutralización

Mario Góngora rescata su filiación metodológica con la Escuela de los Annales al hacer una genealogía de la aparición del materialismo (que apellidará «neocapitalista»). Sería muy sencillo rastrear la aparición de la masa en el siglo xx, sobre todo, a partir del sueño americano (*American Dream of Life*) y la sociedad de consumo en ciernes. Él, como agudo historiador de las ideas y de la cultura, sabía perfectamente que ese «novedoso»fenómeno hundía sus raíces en los postreros siglos. Tal y como apunta extensamente el santiaguino en su ensayo *El poder de la Esperanza* (1982):

> La Ciencia Moderna, a partir del siglo xvii, fundamentalmente la ciencia física, ha destronado a la metafísica[59] y la física heredada de Grecia y de la Edad Media. Si bien los grandes creadores de esa ciencia, desde Copérnico hasta Newton y Leibniz, están todavía imbuidos de convicciones teológicas o religiosas, ya la Ilustración del siglo xviii tiende a generalizar la ciencia del xvii, y llevar al mundo humano la *tendencia mecanicista*. Así nace la Teoría Política del Contrato Social de Rosseau, y la Economía clásica de los Fisiócratas y los Liberales. Y, por último, la física suministra a la técnica una nueva base científica, que constituirá la Revolución Industrial. De ella se apropiará el espíritu capitalista ya anteriormente constituido e implantará una *economía mecanicista* que destruye paulatinamente el mundo tradicional europeo [...]. Si Inglaterra es la pionera en el campo económico, lo es también en cierto sentido en el político [...]. Pero en este último plano es Francia la que asume el rol de liderazgo mundial con su gran Revolución, que llevó al triunfo del Democratismo revolucionario y al individualismo jurídico y social, consagrados en su Declaración de Derechos del Hombre de 1789 y su posterior Código Napoleón. La expresión de ambas corrientes –la revolucionaria francesa y la evolucionista inglesa– en el terreno de la Filosofía de la Historia será la *idea de Progreso*, en el fondo una ideología, un pseudo-mito laico [...]. El Progreso sigue siendo la ideología mayoritaria del mundo de hoy, compartida por las masas y los dirigentes de todos los Estados representativos del Capitalismo y del Socialismo, dos sistemas económicos opuestos, pero también

---

59 Algo de lo que se lamentaba Martin Heidegger en 1935. Aquel año, el filósofo alemán impartía un curso en la Universidad de Friburgo bajo el título *Introducción a la metafísica*. Curso en el que plantea cómo la filosofía –imbuida por el espíritu del cientificismo moderno– ha eludido la pregunta por el *Ser*, dando lugar a un «giro ontológico materialista», en el que se pasa de la metafísica a la filosofía de la naturaleza.

similares en el secularismo y en el titanismo, en la creencia en el dominio del hombre [...]. La Ciencia Moderna, los regímenes políticos constitucionalistas y democráticos, la Economía Política inglesa, el Individualismo de la Ilustración y de la Revolución Francesa, en fin el Marxismo, han engendrado lo que es, desde el siglo XVII hasta hoy, el mundo de Masas[60].

Para Góngora es preciso que miremos hacia los siglos XVII y XVIII. La ciencia física moderna y la Ilustración parecen haberse hermanado, dando lugar a las «tendencias mecanicistas». El *contractualismo* de Hobbes, Locke y Rosseau es un claro ejemplo de esa lógica física trasladada a la historia de las ideas políticas. También en el campo del pensamiento económico el mecanicismo ejerce su poderosa influencia. La mano invisible del mecanicismo está detrás de los fisiócratas como Quesnay y Turgot, pero sobre todo, detrás de la Ilustración escocesa con Hume y Smith a la cabeza. Nace así la Economía Política Clásica de corte mecanicista. El positivismo de Comte y Saint-Simon está también en la estela del mecanicismo racionalista. Finalmente, el democratismo revolucionario francés o su exageración, el comunismo, no son sino sus meros epígonos. Ha triunfado una nueva ideología que vertebra toda cosmovisión moderna: «la idea de Progreso, un pseudo-mito laico». Todo ello ha venido engendrando, con el decantar de los siglos, la Civilización materialista de masas.

Esto último no debería sorprendernos –o sí–, pero ¿qué tendrá que ver el marxismo con las revoluciones burguesas? se preguntarán... El filósofo italiano Augusto del Noce en su interesantísima obra *Agonía de la sociedad opulenta* (1979) puede ayudarnos a encontrar una respuesta. En su opinión:

> el pensamiento revolucionario marxista, que pretendía ser el cumplimiento de la incumplida Revolución Francesa, ya que en ella había triunfado la clase burguesa, ha sido en realidad la ocasión propicia para que el espíritu burgués alcanzara su perfección en la *sociedad tecnológica* [o bien podríamos decir –con Mario Góngora– en la sociedad del "Materialismo neocapitalista"][61].

¿En qué consiste? Del Noce hace hincapié en la *pars destruens* del Materialismo neocapitalista:

> se trata de una sociedad que acepta todas las negativas del marxismo contra el pensamiento contemplativo, contra la religión, contra la metafísica; que acepta, pues, la reducción marxista de las ideas a instrumentos de producción; pero que, por otra parte, rechaza del marxismo los aspectos revolucionarios mesiánicos, es decir, lo que queda de religioso en la idea revolucionaria. Bajo este aspecto representa verdaderamente el espíritu burgués en estado puro; el espíritu burgués que ha triunfado de sus dos tradicionales enemigos: la religión trascendente y el pensamiento revolucionario[62].

---

60 Mario Góngora, *Civilización de masas y esperanza. Y otros ensayos* (Editorial Vivaria, 1987), pp. 100-102.

61 Augusto Del Noce, *Agonía de la sociedad opulenta* (Ediciones Universidad de Navarra, 1979), p. 24.

62 Íbid, pp. 25-26.

Como decíamos en el apartado anterior, tanto la técnica como la burocracia son portadoras de un espíritu basado en la supremacía de la Ciencia (como fe sustitutoria), la primacía de la técnica, el primado de lo económico y la primacía de la acción. El *espíritu mecanicista* lo imbuye todo de racionalismo, utilitarismo, abstraccionismo, positivismo, razón instrumental, titanismo, etc. Hugo Herrera explica a la perfección el contenido y las consecuencias de tal espíritu. En su libro *El último romántico* (2023) sugiere:

> En la medida en que la comprensión científico-técnica opera fijando incidencias unidireccionales [causa-efecto] entre fenómenos determinados según el modo de selección científico e intenta avanzar hacia una predicción generalizante [o estadística] y, en última instancia, el control de los fenómenos, en esa operación la ciencia se ve metódicamente constreñida a *dejar de lado* aspectos insoslayables de la experiencia originaria: el misterio de la existencia, su *excepcionalidad, la interioridad humana, el sentido* de la situación concreta. El resultado de su operación es un conjunto de objetos neutrales [...]. El dominio total es, sin embargo, imposible. La existencia es, para Góngora, no solo develada, sino, hemos visto, irreductiblemente excepcional[63].

No hay espacio para la neutralidad. El espíritu del que viene preñado la tecno-burocracia es el de la «comprensión científico-técnica», el racionalismo desaforado que interpreta el mundo desde el plano ideal-matemático, sin profundidad, sin hondura, sin error. Este espíritu de orgullo y endiosamiento que trata de enjuiciar la realidad a partir de la causa y el efecto, desembarazándose de cualquier imperfección intrínseca a la vida misma, opera mediante la «predicción generalizante» y el «control de los fenómenos», dándole la espalda a todo lo humano, lo demasiado humano: el misterio, la excepcionalidad, la interioridad y el sentido. El resultado de esta suplantación de Dios es la frustración –o angustia– que lleva al nihilismo, porque la existencia en sí y el Hombre son «irreductiblemente excepcionales».

Aparejado al método de *longue durée* que toma prestado de los Annales, despliega paralelamente el método hermenéutico. El sesudo historiador y el creativo hermeneuta se estrechan la mano simbióticamente en el pensamiento de Mario Góngora para escrutar la realidad histórica y alumbrar el mecanismo interior que se hallaba oculto en ella. Siguiendo de nuevo a Hugo Herrera, esta vez en *Pensadores peligrosos* (2021), podemos valorar desde otro enfoque las implicaciones de la «comprensión científico-técnica»:

> Cual lo hicieron Nietzsche, Schmitt, Heidegger y Habermas, Góngora repara, a partir de la *consideración hermenéutica*, en que tras "la máquina" de la técnica hay operando un determinado modo de comprender, del cual el mecanismo viene a ser su expresión más patente [...]. Ese modo de comprensión motivado puede ser llamado "racionalista" y se caracteriza por la pretensión de reducir la existencia a sus aspectos calculables y someterla luego a la manipulación [...]. Hay angustia ante la pérdida de sentido producida por el incremento del control y la correspondiente superficialización y procedimentalización de la vida[64].

---

63 Hugo Herrera, *El último romántico. El pensamiento de Mario Góngora* (Editorial Planeta Chilena, 2023), p. 153.

64 Hugo Herrera, *Pensadores peligrosos. La comprensión según Francisco Antonio Encina, Alberto Edwards y Mario Góngora* (Ediciones Universidad Diego Portales, 2021), pp. 158-160.

En este punto, la obra de Del Noce dialoga a la perfección con la de Mario Góngora. «Civilización tecnológica» y «Civilización Materialista Mundial» son caracterizaciones homólogas de un mundo cerrado a la trascendencia. Veamos, para ir concluyendo este apartado, dos ejemplos de esta homología.

- **Augusto del Noce**, *Agonía de la sociedad opulenta* (1979):

    En la visión tradicional hay una primacía que compete a la contemplación de un orden ideal, al que nuestra actuación debe conformarse. La civilización tecnológica la sustituye por la *primacía de la acción*, en el sentido de que el conocimiento humano cobra valor sólo en la medida en que puede servir para un fin práctico: que el hombre sensible transforme la materia para sacar mayor utilidad y domine las cosas materiales [...]. A la tesis en base a la cual el conocimiento está limitado al mundo sensible, sigue la afirmación de que la única realidad que cuenta para el hombre es la realidad material[65].

- **Mario Góngora**, *Materialismo neocapitalista, el nuevo «ídolo del foro»* (1966):

    [...] las corrientes predominantes en la posguerra se caracterizan por el crudo predominio del objetivismo social y del materialismo económico mecanicista [...]. En Chile, la tendencia neocapitalista aparece aliada, debido a las vicisitudes políticas recientes, con el Socialcristianismo. Sin embargo, no sin la natural tensión entre ideologías tan diversas [...]. La coyuntura más general, la llamada lucha contra el subdesarrollo, incita a una alianza y parcial refundición con la ideología rival de la planificación, de la tecnocracia, del neocapitalismo, del racionalismo económico [...]. Se puede destruir una tradición; pero es más difícil crear una nueva, salvo reinterpretando y confirmando la antigua. Esta necesidad de reinterpretar la tradición es lo que no acepta la ideología de desenfrenado materialismo económico de buena parte de los que hablan contra el subdesarrollo. Su error capital es el mecanismo: creen que para luchar contra un mal económico hay que impregnar la conciencia colectiva del culto por la prosperidad [...]. Resultado de ello es la crueldad insólita del planificacionismo[66].

Sobre la tecnocracia autoritaria

A lo largo de este capítulo hemos hecho un recorrido por las nociones e ideas que configuran el *corpus* gongoriano de su crítica a la tecnocracia. Si bien hemos empezado por el plano histórico-político refiriéndonos a las tres fases de la época de las planificaciones globales, hemos seguido buceando también en el plano ideal-metafísico, abordando los significados del «materialismo neocapitalista», la «civilización de masas» o la «ideología y la absolutización de la técnica».

---

65   Augusto Del Noce, *Agonía de la sociedad opulenta* (Ediciones Universidad de Navarra, 1979), p. 136.

66   Mario Góngora, *Civilización de masas y esperanza. Y otros ensayos* (Editorial Vivaria, 1987), pp. 175-180.

A lo largo del trabajo se ha hecho mención expresa a la idea de Mario Góngora (por otro lado nada original) de que puede haber –contraintuitivamente– tanto democracias tiránicas como dictaduras democráticas. Algo que se evidencia con toda potencia en las palabras de Friedrich Hayek (padre el neoliberalismo austríaco) de su entrevista, para *El Mercurio* (19 de abril de 1981), a propósito de su visita al Chile de Pinochet: «Como comprenderá, es posible a un dictador gobernar de modo liberal. Y también es posible a una democracia gobernar con total falta de liberalismo. Personalmente, prefiero un dictador liberal a un gobierno democrático que carece de liberalismo»[67]. Es por ello que, siguiendo el capítulo de Pablo Paniagua: *Mario Góngora y los Chicago Boys: El neoliberalismo y los límites de la tecnocracia* (2023), podemos justificar la pertinencia, profundidad y vigencia de la crítica de Mario Góngora a la tecno-gobernanza neoliberal:

[...] la Escuela de Chicago muestra los límites culturales de un liberalismo económico tecnocrático que apunta a reformar la macroeconomía sin un contenido ético y humanista [...]. La crítica de Góngora al neoliberalismo [...] nos deja un mensaje de advertencia importante de cara al presente chileno, sobre todo considerando el llamado "estallido social" del 18 de octubre de 2019 y el proceso constituyente que le siguió. Ambos procesos históricos han buscado, en parte, desmantelar el orden económico tecnocrático que se considera impuesto de manera exógena[68].

Las protestas de 2019 reflejaron un profundo malestar con el modelo neoliberal que había predominado en Chile desde la dictadura de Pinochet. Las demandas abarcaron una amplia variedad de temas, desde la educación y la salud hasta las pensiones y los derechos de los pueblos indígenas. La respuesta del gobierno de Sebastián Piñera frente a las protestas fue criticada por su dureza, pero bajo tal dureza policial se escondía la impotencia neoliberal de no tener respuestas más allá de las hojas de Excel.

Chile y España son un claro ejemplo de tales mixturas. Ambas tuvieron tecnocracias rectoras vinculadas a regímenes dictatoriales dirigidos por militares: Francisco Franco Bahamonde (1892-1975) y Augusto Pinochet (1915-2006). De un lado, están los ministros tecnócratas del Opus Dei, quienes fueron los encargados de articular una agenda desarrollista (al estilo del gobierno de Eduardo Frei en Chile), al mismo tiempo que aperturista o de cierta salida de la autarquía económica del primer franquismo. Del otro lado, está el chicago-gremialismo, los tecnócratas que pusieron en marcha el programa *El Ladrillo* en 1975 para el Gobierno Militar. Ambos países, tras décadas de avatares, transicionaron hacia el sistema demoliberal y han venido sufriendo un descrédito hacia las instituciones de la partitocracia post-transición y una desafección generalizada por la política que, a partir de la crisis económico-financiera de 2008, fue germinando en movimientos «indignados» autodenominados antisistémicos, que han logrado entrar en los ejecutivos de sus respectivos países para implementar políticas abiertamente *woke*. La confluencia Sumar + Unidas Podemos + partidos

67 Extraído de Francisco Louça, «Una carta de Hayek a Salazar y los neoliberales autoritarios, a propósito de la Unión Europea y el Estado Social», en *SinPermiso* (06/04/2014). Disponible en: https://www.sinpermiso.info/textos/una-carta-de-hayek-a-salazar-y-los-neoliberales-autoritarios-a-prop-sito-de-la-unin-europea-y-el

68 Pablo Paniagua Prieto, «Mario Góngora y los Chicago Boys: el neoliberalismo y los límites de la tecnocracia», en Valentina Verbal, *Mario Góngora revisitado* (Democracia y Libertad, 2023), pp. 228.

secesionistas de la mano del PSOE en España y el Frente Amplio en Chile, son los protagonistas de este ciclo político. Este fenómeno, además, es constatable en otros muchos países occidentales. ¿Podemos decir que estas renovadas tecnocracias neoliberales de izquierda son democráticas *stricto sensu*? ¿Acaso no cumplen los rasgos de las planificaciones globales descritos por Mario Góngora? A saber, que se trata de (i) modelos implementados de arriba hacia abajo (*top-down*) por una élite tecnocrática de expertos; que a su vez son (ii) modelos abstractos y novedosos importados desde el extranjero que se «experimentan» en territorio nacional; (iii) y que se basan en la supremacía del «concepto económico de gobierno». ¿No podríamos decir que Pedro Sánchez y Gabriel Boric son las franquicias o filiales del Partido Demócrata de los Estados Unidos y que han importado un modo de hacer política –vinculado al cánon comunicativo instaurado por Barack Obama– cuya *agenda setting* ha reemplazado los problemas reales del pueblo por problemas ideológicos? ¿No han sido ellos quienes han dado la espalda al sentido común en favor de modelos abstractos que –bajo el barniz izquierdista– son la base de políticas neoliberales en lo económico que le hacen el juego al capital transnacional (fondos buitre, grandes corporaciones como Amazon, Google, Glovo, etc)?

La tecnocracia puede tener un signo u otro, de derecha o de izquierda, puede estar más volcada en lo cultural o en lo económico, pero acaba deviniendo oligarquía por su propia naturaleza. La «ideología de la técnica» está siempre latente. Esta oligarquización se explica por la ruptura total para con la tradición, el desconocimiento de las particularidades históricas nacionales y el intento de aplicación de programas y modelos abstractos concebidos *a priori*. Es relativamente sencillo ver en regímenes como el de Franco o Pinochet la amenaza totalitaria. Más complicado resulta percibirla en estas tecnocracias formalmente democráticas de nuevo cuño. En palabras de Juan Carlos Vergara: «Lo que Góngora veía aproximarse con la sociedad de masas era lo que llamó "Estado mundial", el dominio de la técnica y la economía sobre todas las dimensiones de lo humano»[69].

La ingeniería social antinatalista, neomalthusiana, ateísta, cosmopolita, antitradicional, hipersexualizadora y, en definitiva, globalista atiende a un programa consciente de las élites por modificar el sentido de vida bueno de nuestros padres, de nuestros abuelos y de nuestros antepasados. Como vaticinó Mario Góngora, los intentos de colectivización (minorías étnicas, personas racializadas, sexualidades alternativas, funcionalidades múltiples, etc.) comportan una mutilación del Hombre:

> Todo intento de la sociedad en colectivizar la persona para obligarla a los imperativos sociológicos, importa una mutilación del hombre, una aniquilación de la vida inmanente y espontánea para convertirlo en un ser puramente pasivo, receptivo, en objeto [...]. El Humanismo no sólo pretende emancipar negativamente al hombre, combatiendo el totalitarismo; quiere, sobre todo, liberarlo positivamente, arrancándolo de la soledad estéril del individualismo. La vida personal del hombre actual está fuera de toda comunión, de todo vínculo profundo con los otros hombres y este es su mayor sufrimiento.

---

69 Juan Carlos Vergara, «Corporativismo, nacionalismo y tradicionalismo: una aproximación al pensamiento metapolítico de Mario Góngora», en Valentina Verbal, *Mario Góngora revisitado* (Democracia y Libertad, 2023), p. 170.

Frente a esta tecnocracia que se empeña en colectivizar a las personas y agruparlas en «colectivos» manejables, Góngora propone un Humanismo total, que no se detenga en el momento negativo (de crítica contra el totalitarismo), sino que vaya más allá, hacia el momento positivo (de articular una libertad orgánica, que aleje a los hombres de la soledad estéril del individualismo). En definitiva, propone poner a la *persona* (que no sujeto abstracto o individuo estadístico) en el centro. Persona con voluntad y deseo, obviamente, pero abierta a la trascendencia y al hecho comunitario. El pensador chileno nos ofrece una salida a la tecno-gobernanza neoliberal que, como veremos en la conclusión, podemos denominar *Humanismo místico*. Una salida que atañe a elementos exteriores (restauración material, que no materialista), pero, sobre todo, a elementos interiores (restauración espiritual).

IV. Conclusión.
La apuesta de Mario Góngora:
un humanismo místico frente a la tecnocracia

Esta sociedad sometida al poder espiritual del dinero, se ha formado un tipo de hombre despojado casi totalmente de vida y de humanidad, desprendido de lo que lo unía antiguamente al mundo sobrenatural y al universo viviente a todo lo real [...]. El hombre-tipo, el hombre estandarizado de esta época, es un ente de razón perfectamente deshumanizado, que ignora toda dimensión espiritual profunda, cuya inteligencia ha sido deformada por el racionalismo y por el conocimiento del tipo físico-matemático, que, superando el terreno de la técnica, ha pretendido ser el único modo de captar la realidad del universo.

Mario Góngora, *Bases espirituales del orden nuevo* (1937).

Para ser honestos, la teoría de Mario Góngora acerca de las «planificaciones globales», por sugerente que sea, no está exenta de limitaciones. El filósofo chileno Hugo Herrera, uno de los intérpretes más notables del pensamiento gongoriano, ha señalado precisamente los límites de dicha noción. Merece la pena extraer uno de los pasajes donde desarrolla sus dudas. Veamos.

En *El último romántico* (2023) afirma:

A esta altura debe repararse en un problema que se plantea cuando se vincula la doctrina de Góngora de las planificaciones globales con su pensamiento acerca del Estado como productor de la nación. Hay una eventual contradicción entre ambos. Si el Estado es la institución que produce la nación allí donde el elemento popular aún no es un pueblo o nación en sentido político, ¿no significa esto atribuirle al Estado una capacidad que se distancia de la existencia para imprimirle a ella, espontáneamente, una forma? ¿No pasaría, entonces, el Estado moderno chileno a ser un ejemplo de lo que el propio Góngora llama "planificación global", vale decir, un programa ideológicamente definido, separado del elemento popular, el cual sometió, en verdad, a ese elemento popular, conformándolo? El proyecto portaliano vendría a ser la primera planificación global[70].

A ver si logro explicarme. Recordemos que Góngora se refiere a la clase política del siglo xix y a «la dirección de la mente empírica» del liberalismo decimonónico para oponerlos al nuevo «círculo de expertos» y a la «derecha económica». Las élites políticas chilenas pasaron en los albores del siglo xx a convertirse en auténticas oligarquías criollas. En palabras del joven Góngora de su discurso en la Convención Nacional de la Juventud Conservadora (10 de octubre de 1937):

> Las antiguas aristocracias dirigentes, el sentido de la tradición, del servicio nacional, de la sangre, que ellas representaban, todo eso ha sido desquiciado por los criterios materialistas y por la moral de la apropiación. Una vez aburguesada la clase dirigente y casi totalmente asimilada por el espíritu capitalista, toda la sociedad ha ido adaptándose al nuevo régimen, rompiendo progresivamente con la cultura hispánica tradicional.

Tras décadas de desarrollismo (de cualquier signo: latinoamericanista, marxista…), el desmantelamiento del Estado por parte del programa neoliberal fue destruyendo paulatinamente la conciencia cívica y el sentido nacional. De tal modo que hoy día hay un absoluto desconocimiento de la historia, las costumbres, las tradiciones, en definitiva, la chilenidad en sentido amplio (como pasa asimismo en España). Ello nos arroja a un círculo vicioso, nos condena a repetir el error de las grandes planificaciones. Conocemos autores y corrientes de pensamiento extranjeros, seguimos modas importadas, vemos series y películas de fuera, consumimos productos culturales estadounidenses, deseamos salir a estudiar a otros países y aprender otras lenguas y culturas, etcétera, etcétera, etcétera. ¿Dónde queda lo nuestro? ¿Conocemos realmente el ser nacional? El proceso de aculturación ha sido tan profundo y penetrante que, en ocasiones, cuesta avizorar un reemplazo favorable de las élites rectoras que se salga del marco globalista. El «Estado realizador» –en términos de Juan Carlos Vergara– sólo puede llevar a concreción lo que está contenido en potencia en las fuerzas sociales. Para ello tendrá que discernir y distinguir la singularidad de la comunidad política.

Cabe preguntarse entonces: ¿el problema reside en el conocimiento de lo propio por parte de los sucesivos gabinetes presidenciales y élites rectoras? Si Góngora está en lo cierto, al sostener que la «comprensión científico-técnica» no puede *per se* acceder a lo insondable, a lo humano y al mismo tiempo toda planificación estatal es una planificación centralizada que requiere de técnicos que pergeñen y ejecuten tal planificación, o bien se impugna *in toto* al Estado moderno, o bien se pone el acento en la pobre preparación puramente técnica de la clase rectora. La realidad como fenómeno existencial, vital, situado, no puede ser comprendida mediante la

---

70 Hugo Herrera, *El último romántico. El pensamiento de Mario Góngora* (Editorial Planeta Chilena, 2023), p. 151. Algo prácticamente calcado se preguntaba Hugo Herrera en *Pensadores peligrosos* (2021). Ver Hugo Herrera, *Pensadores peligrosos. La comprensión según Francisco Antonio Encina, Alberto Edwards y Mario Góngora* (Ediciones Universidad Diego Portales, 2021), p. 173.

técnica ni su lenguaje. Ahora bien, por medios técnicos sí puede realizarse –parcialmente– lo comprendido. Quizá la respuesta sea introducir historiadores, filósofos, geógrafos, poetas y humanistas en la dirección de la cosa pública y optar por el gobierno de los excelentes persiguiendo la *areté*, (al estilo del *intelectualismo moral* socrático).

Por otro lado, surge una nueva cuestión… Parafraseando a Herrera: si (en el caso chileno) el Estado es la institución que produce la nación allí donde el elemento popular aún no es un pueblo o nación en sentido político, ¿no significa esto atribuirle al Estado capacidades mágicas, potencia creadora? ¿Acaso para poder acceder a lo real-popular es necesario que el Estado introduzca no a técnicos, sino a las clases populares con su conocimiento experiencial de la realidad de sus compatriotas? Quizá la respuesta sea introducir al populacho en la dirección de la cosa pública al estilo del ideal comunista del leninismo (que los asuntos de Estado sean manejados por la lechera, el panadero y el trabajador manual).

Por último, ¿cómo distinguir un desarrollismo «bueno» de uno «malo»? ¿No es la administración Milei un ejemplo de planificación global en Argentina equiparable al desarrollismo de los años cincuenta, pero de signo cambiado? ¿Si la noción de planificación global sirve tanto para englobar el desarrollismo latinoamericanista, como el desarrollismo franquista, la vía chilena al socialismo, como el capitalismo de Estado de los países so- cialistas, no es acaso una noción demasiado amplia, demasiado vaga? ¿Qué diferencias sustanciales podemos observar entre la reducción de la inflación por parte de los Chicago Boys o de Milei y la reducción masiva de la pobreza por parte de Lula da Silva y Xi Jinping (mediante el uso extensivo de la maquinaria del Estado)? Ambos son problemas reales que tienen efectos adversos y que padece directa y principalmente el pueblo.

Mario Góngora, al contrario de lo que piensan sus críticos liberales, reconocía abiertamente que a todo Estado le es inherente cierto grado de planificación. Las responsabilidades aparejadas a la irrupción de las masas son ineludibles. Él cargó tintas contra los efectos homogeneizadores de la globalización. Lo nuclear de la crítica gongoriana es el hecho de que estas planificaciones globales atienden a modelos abstractos que se importan desde el extranjero y se experimentan a espaldas del proceso histórico concreto de las comunidades políticas. Son fórmulas de pretensiones planetarias. Portales, a diferencia del chicago-gremialismo, habría tenido la capacidad de comprender la necesidad de incorporar la idea republicana ajustada a una realidad preexistente (que efectivamente era difusa y no estaba consolidada como nación política moderna), es decir, tuvo la ca- pacidad de darle forma.

Sea como fuere, Mario Góngora perteneció a una generación que puso en tela de juicio el avance de la socie- dad de masas, el parlamentarismo burgués y el economicismo liberal. Creo, sinceramente, que él mostró una lealtad cristiana inquebrantable con respecto a la Esperanza. Su apuesta no fue corporativista, organicista, tradicionalista o fascista, sino humanista. Pero se trata de un humanismo que difiere ligeramente del huma- nismo personalista de Mounier, Maritain y compañía. Siguiendo la obra *Una revolución del espíritu* (2018), podemos afirmar que Góngora dio forma más que a un ideario político a una intuición: que la renovación política debía venir precedida de una renovación espiritual (al modo de San Pablo). Su prisma es el de la comprensión mística (frente al mundo moderno materialista, cientificista y racionalista). Entonces

> Queda claro que aquí estamos ante mucho más que un ideario político o una formulación doctrinal: es una expresión del *pathos* renovador de esta juventud, que se manifiesta en estrecho contacto con una fe, una noción de la belleza y una búsqueda de la verdad. La apelación a un nuevo heroísmo, a la santidad en la acción política, es característica de una *comprensión mística de la política moderna*[71].

¿A qué nos referimos? La apuesta de Góngora como salida al imperio de la técnica y la tecno-gobernanza neoliberal pasa –sí o sí– por una revalorización de lo mistérico, lo espiritual, lo invisible a los ojos del técnico o del burócrata. Ahora bien, esto no obsta a que, junto a su apuesta mística, reivindicara también la necesidad de *lo político* en un mundo antipolítico, cuyo espíritu técnico-neutral amenazaba ya con adueñarse de los destinos de los pueblos: «Lo esencial es que el país sienta la necesidad de la política como pensamiento y como acción. Sólo los hombres muy espirituales pueden vivir alejados de la política; pero un pueblo no puede ni debe vivir alejado de la política»[72], afirma Góngora. Veamos algunos fragmentos en los que revela su propuesta de una *mística alternativa* a las místicas utopistas de la Modernidad (liberalismo, comunismo, fascismo…). En su entrevista «Historia es conciencia de pasado» para *El Mercurio,* del 26 de agosto de 1976 (tras haber ganado el Premio Nacional de Historia), confesaba oponerse «por un lado al comunismo, y por otro al economicismo y tecnocracia de derecha». ¿Por qué?

- **Mario Góngora**, *Diario*, 8 de agosto de 1936:

> Momentos de pasión política. Los sucesos de España y la lucha de la *mística comunista* y la *mística fascista* por las armas, hacen comprender al mundo los nuevos modos del desarrollo de la vida social. Quiero sacrificarme por el ideal de un orden social cristiano y daría todo para ello.

En primer lugar, vemos cómo el joven Góngora apunta hacia el ideal de un orden social netamente cristiano. Marca distancias de este modo con el «titanismo» y el «utopismo» moderno propio de las grandes planificaciones. Puesto que como afirma un lucidísimo Augusto del Noce:

> [...] la ausencia de la utopía hace que en el cristianismo la lucha entre la ciudad de Dios y la terrena se presente como eterna y se destierre radicalmente de la tierra el optimismo del definitivo logro de la "ciudad de Dios"; o al contrario, reconocer en este optimismo la esencia de la herejía. En el marxismo [y esto es extensible al

---

71 Diego González Cañete, *Una revolución del espíritu. Política y Esperanza en Frei, Eyzaguirre y Góngora en los años de Entreguerras* (Ediciones Centro de Estudios Bicentenario, 2018), p. 245.

72 Mario Góngora, «Las lecciones de la Historia» [Entrevista de Raquel Correa a Mario Góngora], en *El Mercurio*, (9 diciembre 1984), p. D3.

liberalismo y al fascismo], el paso práctico a una revolución total implica enormes sacrificios y riesgos y conlleva la idea de un absoluto[73].

Por fuerza, la mística alternativa que propone Góngora debe ser cristiana y, en consecuencia, anti-utopista y anti-titanista.

- **Mario Góngora**, «Portales y la tradición», en *Revista Lircay*, Núm. 85, 9 de octubre de 1937:

La clase media y las masas obreras son los factores que deben incorporarse realmente al Estado. El pensamiento y la realidad chocan violentamente con el orden individualista, capitalista y liberal. Vivimos una revolución. Nuestra misión es darle ese entroncamiento con la revolución portaliana, que representa lo más auténtico de nuestra nacionalidad [...]. Hay que reconstruir un Estado fuerte y activo, un poder central unitario e impersonal, arbitrio supremo de todos los intereses y de todos los partidos, atento sólo a las exigencias del bien común. Pero la re-creación íntima de esta concepción, a que está llamada nuestra época, requiere transformaciones económicas, sociales y políticas, y solo puede estar dispuesto a realizar este nuevo orden revolucionario un grupo que sienta ese mismo *misticismo del bien nacional* que existía en Portales.

Por otro lado, apunta hacia la necesidad de la dimensión «nacional» de este misticismo alternativo que denominó en su juventud «misticismo del bien nacional». Esto solventaría la cuestión de la inorganicidad y abstraccionismo de las planificaciones globales antinacionales.

Por último, este nuevo misticismo debe ser tanto interior como exterior. La organización social debe ser de signo comunitarista y posliberal dirigida cuyo *telós* sea el bien común. Y, ante todo, debe primar la renovación interior del hombre herido por el materialismo, el consumismo y el nihilismo.

- **Mario Góngora**, *Bases espirituales del orden nuevo*, 10 de octubre de 1937:

La defensa de la dignidad de la persona, la posibilidad misma de una *nueva cultura humanista*, están necesariamente ligadas a la instauración de una *Economía colectivizada o comunitaria*, cuyo principio formal sea la orientación hacia el *bien común*, y cuyas formas o instituciones serán, necesariamente diferentes de la actual organización capitalista. Hablar de libertad y de espiritualismo y de *renovación interior del hombre*, despreciando este hecho que es la miseria de la mayor parte de la humanidad, la transformación del hombre en cosa y del trabajo en mercancía, es una posición tan cómoda como hipócrita.

---

73 Augusto Del Noce, *Agonía de la sociedad opulenta* (Ediciones Universidad de Navarra, 1979), pp. 144-145.

Y es que hablar de una «Economía colectivizada o comunitaria» dista mucho de la defensa del *totalitarismo colectivizador* (que como hemos visto anteriormente puede ser de matriz demoliberal). De ahí que marque distancias con la «mística fascista» y la «mística comunista».

- **Mario Góngora**, *Bases espirituales del orden nuevo*, 10 de octubre de 1937:

> Si el comunismo libera a la colectividad de la tiranía económica, somete, en cambio, a la persona individual a un automatismo rígido que la deforma y empobrece radicalmente [...] [mientras que] el fascismo piensa que la personalidad individual es irreal y plantea frente a ella la realidad absoluta de la nación o de la raza, dentro de la cual engloba todo el orden espiritual que queda, así, despojado en todo su sentido trascendental.

Por poner en contexto, es importante señalar que estas palabras las pronuncia, en un brillante discurso el año, antes de ingresar en las Juventudes Comunistas (1938-1941), esto nos da pistas de que lo que en realidad despreciaba nuestro autor era la moral burguesa. De hecho, en el mismo discurso afirmaba: «Hay gentes, muchos hombres de derecha, que esperan que nosotros continuaremos tranquilamente la posición política y espiritual de la generación anterior, que nos limitaremos a defender, con medios nuevos, las viejas instituciones y los modos de pensar del mundo burgués». Al mismo tiempo, considera que el fascismo es más peligroso que el comunismo: «La deificación de los valores nacionales o raciales hace del fascismo el enemigo más peligroso de la unidad espiritual y cultural de los hombres». Ambas místicas de raíz hegeliana son, en su opinión, radicalmente un error, puesto que han despojado al Hombre de su «sentido trascendental».

Frente a ellas presenta esta «nueva cultura humanista», ese humanismo dual (interior y exterior):

- **Mario Góngora**, *Bases espirituales del orden nuevo*, 10 de octubre de 1937:

> Fascismo y Marxismo son, pues, realizaciones divergentes de un mismo principio filosófico y ambos conducen a la asfixia de la cultura humana y de la persona [...]. Es, pues, necesario que frente a una y otra idea se levante una *revolución puesta al servicio de lo humano*, fundada esencialmente en una *economía colectiva*, dirigida hacia la justicia, y en una Política cuyo centro sea la *libertad de la persona*.

Esta propuesta, que podríamos calificar de tercera posición, es revolucionaria, pero, de nuevo, rehuye del principio filosófico moderno-utopista. Se trata de una «revolución puesta al servicio de lo humano» cuyo modelo de organización social sea una «economía colectiva» orientada hacia la «justicia» y el «bien común» y cuyo centro sea la «libertad de la persona». Parece que la propuesta gongoriana de un *Humanismo místico* engarza a la perfección con el espíritu de uno de sus *maître à penser*, Charles Péguy, para quien: «Lo esencial es que, en todo orden, en todo sistema, no sea la Mística devorada por la Política a la cual ha dado nacimiento».

Cabría preguntarse, finalmente, si, en el contexto de la hegemonía de las fuerzas transnacionales, el capitalismo financiero y la tecno-gobernanza globalista «cuyo resorte último es técnico-económico-masivo, no un alma», convienen los experimentos libertarios... Mario Góngora, destacado autor del nacionalismo chileno se opuso frontalmente al chicago-gremialismo por su intento de desguazar al Estado y con él la nación. La idea del *Estado mínimo,* en un contexto como el nuestro, supone el suicidio nacional y esto lo supo ver el santiaguino allá por los años 70. Denunció –a su modo– los estragos del consumismo y de lo que Augusto del Noce bautizó como «agonía de la sociedad opulenta», cuando en 1984, en una entrevista con Raquel Correa, apenas un año antes de su muerte, afirmaba:

> [...] la sensación de seguridad llevó a las juventudes de derecha a abrazar, como justificación científica, el neoliberalismo económico de Chicago, dejando de mano el liberalismo y anatemizando, como socialistas y estatistas las políticas que, desde 1920 a 1970 habían evitado, precisamente, una revolución o –al menos– unas revueltas sociales en Chile, lo que olvidaron totalmente[74].

Y lo hizo en los albores de una época en que la *globalización* o el credo neoliberal del «pensar global, actuar local» por abajo y la lógica supraestatal por arriba, comenzaban a laminar la soberanía de los pueblos. Ahora bien, esa defensa de un estado fuerte no puede convertirse en el pretexto perfecto para que el estatismo degenere en la colectivización y anulación de la persona. La comunidad es necesaria e intrínseca a la naturaleza social del ser humano, pero no debe asfixiar la conciencia y la irreductible libertad del Hombre.

Sus reflexiones pueden dar aliento a quienes como él se niegan a ser «meros epígonos» de la generación precedente. Si bien él consideraba a Solzhenitsyin «la mayor autoridad moral del mundo de hoy» por su «libertad espiritual«, nosotros podemos considerar a Góngora como una de las mayores autoridades historiográficas de Chile por su «libertad intelectual»[75]. Hacemos nuestro el bello y certero juicio de Hugo Herrera acerca de la atípica figura de nuestro autor. Mario Góngora fue «probablemente, el pensador chileno que más alto vuelo ha alcanzado en el intento de darle una elucidación articulada a la realidad, que se aleja de los discursos más abstractos y racionalizantes que determinan nuestra existencia»[76].

---

74   Mario Góngora, «Las lecciones de la Historia» [Entrevista de Raquel Correa a Mario Góngora], en *El Mercurio,* (9 diciembre 1984), p. D3.

75   Mario Góngora se sitúa al lado de autores como Michael Oakeshott, Dalmacio Negro o Elio Gallego, quienes defienden la «forma de la libertad» en la Tradición política de Occidente. De ahí que José Manuel Cuadrado en su artículo «Mario Góngora: profundidad y realismo» publicado recientemente en *Revista Suroeste* haya afirmado sobre el historiador santiaguino: «en Góngora prima una libertad metafísica entendida como *ethos* de Occidente [...]. Su trabajo revela una constante tentativa de rescate de dicha idea de libertad, no subyugada a la mecanización de la vida». Ver José María Cuadro, «Mario Góngora: profundidad y realismo. Entre la universalidad de la Metafísica y la concreción de la Historia», en *Revista Suroeste,* (13 de noviembre de 2024). Disponible en: https://revistasuroeste.cl/2024/11/15/mario-gongora-profundidad-y-realismo/

76   Herrera, H. (2017). «Prólogo. ¿Qué fue Mario Góngora?». En Gonzalo Geraldo y Juan Carlos Vergara (Eds.), *Mario Góngora: El diálogo continúa... Once reflexiones sobre su obra* (Historia Chilena, 2017), p. 31.

Bibliografía

ARANCIBIA, P. (1995). *Mario Góngora. En busca de sí mismo 1915-1946.* Santiago de Chile: Fundación Mario Góngora. Disponible en: https://www.memoriachilena.gob.cl/602/w3-article-10112.html

ARRIZABALO, X. (2018). *Enseñanzas de la Revolución rusa. Interpretación marxista de la experiencia soviética a través de sus textos.* Madrid: Instituto Marxista de Economía (IME).

BOBBIO, N. (1977). ¿Qué socialismo? Discusión de una alternativa. Barcelona: Plaza & Janés Editores.

COLLIER, S. (1983). «An Interview with Mario Góngora». En *The Hispanic American Review*, vol. 63, Nº 4, (noviembre de 1983). Disponible en: https://read.dukeupress.edu/hahr/article/63/4/663/148810/An-Interview-with-Mario-Gongora

CUADRO, J.M. (2024). «Mario Góngora: profundidad y realismo. Entre la universalidad de la Metafísica y la concreción de la Historia». En *Revista Suroeste*, (13 de noviembre de 2024). Disponible en: https://revistasuroeste.cl/2024/11/15/mario-gongora-profundidad-y-realismo/

DEL NOCE, A. (1979). *Agonía de la sociedad opulenta.* Pamplona: Ediciones Universidad de Navarra (EUNSA).

Diario Chañarcillo (Diario: Copiapó), (8 de julio de 2013). Disponible en: https://www.bibliotecanacionaldigital.gob.cl/bnd/628/w3-article-571374.html

EDWARDS, A. (2022). *La fronda aristocrática en Chile.* Santiago de Chile: Editorial Universitaria.

GÓNGORA, M. (1936). «Revolución Política y Revolución Espiritual». En *Revista Lircay*, Núm. 27, año III, (1 de agosto de 1936).

— (1937). «Portales y la tradición», en *Revista Lircay*, Núm. 85, (9 de octubre de 1937).

— (1937). «Bases espirituales del orden nuevo». En *El Diario Ilustrado* (11 de octubre de 1937).

— (1984). «Las lecciones de la Historia» [Entrevista de Raquel Correa a Mario Góngora]. En *El Mercurio*, (9 diciembre 1984), p. D3.

— (1986). *Ensayo histórico sobre la noción de Estado en Chile en los siglos XIX y XX.* Santiago de Chile: Editorial Universitaria.

— (1986). «La noción de "lo civil" en la historia chilena». En *Jornadas Nacionales de Historia de las Mentalidades* (Universidad de Valparaíso), pp. 11-25.

— (1986). «Libertad política y concepto económico de gobierno en Chile hacia 1915-1935». En *Revista de Historia*, Núm. 20, Vol. I, pp. 24 y ss.

— (1987). *Civilización de masas y esperanza. Y otros ensayos.* Santiago de Chile: Editorial Vivaria.

— (2013). *Diario. Obras selectas de Mario Góngora del Campo* [Edición crítica de Leonidas Morales T.]. Santiago de Chile: Editorial Universitaria y Ediciones Universidad Católica de Chile.

GONZÁLEZ CAÑETE, D. (2018). *Una revolución del espíritu. Política y Esperanza en Frei, Eyzaguirre y Góngora en los años de Entreguerras.* Santiago de Chile: Ediciones Centro de Estudios Bicentenario.

HERRERA, H. (2017). «Prólogo. ¿Qué fue Mario Góngora?». En Gonzalo Geraldo y Juan Carlos Vergara (Eds.), *Mario Góngora: El diálogo continúa… Once reflexiones sobre su obra.* Santiago de Chile: Historia Chilena.

— (2021). *Pensadores peligrosos. La comprensión según Francisco Antonio Encina, Alberto Edwards y Mario Góngora.* Santiago de Chile: Ediciones Universidad Diego Portales.

— (2023). *El último romántico. El pensamiento de Mario Góngora.* Santiago de Chile: Editorial Planeta Chilena.

LOUÇA, F. (2014). «Una carta de Hayek a Salazar y los neoliberales autoritarios, a propósito de la Unión Europea y el Estado Social», en *SinPermiso* (06/04/2014). Disponible en: https://www.sinpermiso.info/textos/una-carta-de-hayek-a-salazar-y-los-neoliberales-autoritarios-a-propsito-de-la-unin-europea-y-el

MARCUSE, H. (1969). *La sociedad industrial y el marxismo.* Buenos Aires: Editorial Quintaria.

PANIAGUA PRIETO, P. (2023). «Mario Góngora y los Chicago Boys: el neoliberalismo y los límites de la tecnocracia». En Valentina Verbal, *Mario Góngora revisitado.* Santiago de Chile: Democracia y Libertad.

PIVA, A. (2012). «Burocracia y teoría marxista del Estado». *Intersticios. Revista Sociológica de Pensamiento Crítico*, Núm. 6 (2), pp. 27-48.

ROBERTSON, E. (2017). «La "apuesta conservadora" de Mario Góngora». En Gonzalo Geraldo y Juan Carlos Vergara (Eds.), *Mario Góngora: El diálogo continúa... Once reflexiones sobre su obra*. Santiago de Chile: Historia Chilena.

THWAITES, M. (2007). «Legitimidad y hegemonía. Distintas dimensiones del dominio consensual». En M. Thwaites, *Estado y marxismo. Un siglo y medio de debates*. Buenos Aires: Prometeo Libros.

VERGARA, J.C. (2018). «La noción de derecha en Chile. Contribución a una comprensión histórica». En *Bicentenario. Revista de Historia de Chile y América* del Centro de Estudios Bicentenario, Vol. 17, Núm. 1 (2018), pp. 25-54.

— (2023). «Corporativismo, nacionalismo y tradicionalismo: una aproximación al pensamiento metapolítico de Mario Góngora». En En Valentina Verbal, *Mario Góngora revisitado*. Santiago de Chile: Democracia y Libertad.

— (2024). «Mario Góngora, un pensador chileno crítico de la razón moderna», (2 de marzo de 2024). Disponible en *El Debate*: https://www.eldebate.com/cultura/20240302/mario-gongora-pensador-chileno-critico-razon-moderna_178623.html

WEBER, M. (2016). *La ética protestante y el «espíritu» del capitalismo*. Madrid: Alianza Editorial.